essentials

Antje Sonntag

Stressbewältigung durch Meditation

Eine Einführung für Psychologen, Berater und soziale Berufe

Antje Sonntag
Universität Passau
Passau, Deutschland

ISSN 2197-6708 ISSN 2197-6716 (electronic)
essentials
ISBN 978-3-658-14621-4 ISBN 978-3-658-14622-1 (eBook)
DOI 10.1007/978-3-658-14622-1

Die Deutsche Nationalbibliothek verzeichnet diese Publikation in der Deutschen National-
bibliografie; detaillierte bibliografische Daten sind im Internet über http://dnb.d-nb.de abrufbar.

Springer

Gedruckt auf säurefreiem und chlorfrei gebleichtem Papier

Springer ist Teil von Springer Nature
Die eingetragene Gesellschaft ist Springer Fachmedien Wiesbaden GmbH

Was Sie in diesem *essential* finden können

- Eine Einführung in die wichtigsten Meditationsformen
- Möglichkeiten, mit denen Sie mit Hilfe von Meditation Stress erkennen, auf Stress reagieren und Stress vermeiden können
- Praxis-Tipps für eine gelungene Meditation
- Aktuelle Erkenntnisse aus der Meditationsforschung

Inhaltsverzeichnis

Einführung 1

„Ich mach das bloß noch schnell fertig…". Wohl Jedem ist dieser Satz schon des Öfteren über die Lippen gekommen. „…noch schnell…", wie gut trifft dieser Ausdruck die Einstellung unserer westlichen Gesellschaft. Alles muss möglichst schnell, produktiv und dabei aber so kostengünstig und effizient wie möglich geschehen. Wer diese Herausforderung meistert, gilt als erfolgreich. Doch oft genug hat solch eine Lebenseinstellung einen hohen Preis. Noch nie waren die psychologischen Praxen so voll von Stress- und Burn-out-Patienten. Erschöpfung und Überforderung greifen erschreckend weit um sich. Nicht nur der kosmopolitische Manager ist betroffen sondern auch der Durchschnittsarbeiter, der Lehrer der örtlichen Schule, die Hausfrau von nebenan und in beunruhigendem Ausmaß bereits Kinder und Jugendliche. Wie geht man damit um? Statt immer häufiger auf Psychopharmaka zu setzen, lohnt es manchmal, sich auf Althergebrachtes zurück zu besinnen. Eine Jahrtausend alte Methode ist die Meditation. Wer sich näher mit ihr beschäftigt, merkt, dass sie nicht nur eine Ansammlung von verschiedenen Atem- und Konzentrationstechniken ist, sondern eine Lebenseinstellung. Es geht darum wahrzunehmen, zu beobachten, bewusst zu sein, und das nicht nur während der Meditationssitzung, sondern in jeder Lebenssituation.

Jede Kultur hat im Laufe der Zeit ihre spezielle Form der Meditation hervorgebracht. Es existiert daher ein reicher Schatz verschiedenster Meditationsformen und -techniken, aus dem je nach individuellen Voraussetzungen und Vorlieben die passende Methode gewählt werden kann. Und oftmals ähneln sich die Übungen und Ziele der verschieden Traditionen in auffälliger Weise. Meditation – wenn richtig geübt – hilft, Stressfaktoren zu erkennen, richtig auf Stress zu reagieren und im besten Fall sogar zu verhindern. Das vorliegende Buch stellt Ihnen eine Auswahl verschiedener Meditationstraditionen vor und zeigt Möglichkeiten auf, mit Hilfe von Meditation den Anforderungen des Lebens gerecht zu werden.

© Springer Fachmedien Wiesbaden 2016

A. Sonntag, *Stressbewältigung durch Meditation,* essentials,

DOI 10.1007/978-3-658-14622-1_1

Grundlagen der Meditation   2

2.1   Ein erster Eindruck von Meditation

Um einen ersten Eindruck davon zu bekommen, was Meditation ist, lässt man am besten Jene sprechen, die sie regelmäßig ausüben und mit ihr vertraut sind.

Der indische Philosoph und Meditationsexperte Jiddu Krishnamurti (1895–1986) beschreibt Meditation folgendermaßen:

> Meditation bedeutet, bei allem, was man tut, völlig aufmerksam zu sein - beispielsweise darauf zu achten, wie man mit jemandem spricht, wie man geht, wie man denkt, was man denkt.[1]

Jon Kabat-Zinn, einer der erfolgreichsten Meditationslehrer und Bestsellerautor der Gegenwart, betont folgenden Aspekt:

> Bei der Meditation geht es nicht um den Versuch, irgendwo hin zu gelangen. Es geht darum, das wir uns selbst erlauben, genau dort zu sein, wo wir sind, und genau so zu sein, wie wir sind, und desgleichen der Welt zu erlauben, genau so zu sein, wie sie in diesem Augenblick ist.[2]

Noch einen Schritt weiter geht Tenzin Gyatso, 14. Dalai Lama und zweifelsohne Meister in der Meditation:

> The main purpose of meditation is the transformation of the mind. [3]

---

[1] (Krishnamurti 2000, S. 18).

[2] (Kabat-Zinn 2009).

[3] (Examiner.com 2013).

© Springer Fachmedien Wiesbaden 2016
A. Sonntag, *Stressbewältigung durch Meditation,* essentials,
DOI 10.1007/978-3-658-14622-1_2

Es handelt sich bei der Meditation also offenbar um innere Arbeit oder präziser gesagt um einen Prozess, der im Bewusstsein des Menschen vor sich geht. Meditation verändert den Blickpunkt. Sie ermöglicht dem Meditierenden, das eigene Leben und die ihn umgebende Welt von einem anderen Standpunkt aus zu betrachten. Und nicht selten führt eine neue Sichtweise der Welt auch dazu, sich selbst in neuem Licht zu sehen. John Kabat-Zinn drückt dies sehr treffend aus:

> In der Meditation geht es ganz einfach darum, man selbst zu sein und sich allmählich darüber klar zu werden, wer das ist.[4]

Meditation kann auf ganz verschiedene Arten geschehen, denn es gibt zahlreiche Möglichkeiten zu meditieren. Möchte man einen kurzen aber fundierten Überblick über verschiedene Meditationsarten geben, kommt man nicht daran vorbei Kategorien zu bilden. Das Denken in Schubladen ist immer unzureichend, aber es ist nicht zu umgehen, wenn man einen einführenden Einblick in die Meditation gewinnen will. Obwohl auch andere Möglichkeiten passend gewesen wären, erschien es mir am praktischsten, in aktive Meditation und Ruhemeditation zu unterscheiden. Die beiden Begriffe sind insofern mit Vorsicht zu genießen, da Meditation mental immer aktiv und nie passiv ist. Beide Bezeichnungen beziehen sich daher auf die körperliche Aktivität des Meditierenden. Aktive Meditation bedeutet in diesem Zusammenhang, dass zusätzlich zur mentalen Aktivität physische Vorgänge am Meditationsvorgang beteiligt sind. Ruhemeditation meint, dass nur innere, mentale Aktivität bzw. Aufmerksamkeit vorhanden ist. Natürlich gibt es immer wieder Überschneidungen in den Kategorien und Fälle, bei denen eine aktive Meditation nahtlos in Ruhemeditation übergeht um umgekehrt. Daher behalte der Leser bitte immer in Erinnerung, dass die Einteilung in Kategorien eine Vereinfachung darstellt und der Vielfalt der Meditation in keiner Weise gerecht werden kann.

2.2 Aktive Meditationsformen

Hatha Yoga
Unter dem Begriff Hatha Yoga versteht man heute im Allgemeinen eine Yogarichtung, die den Schwerpunkt auf körperliche Übungen legt. Doch allein damit ist

---

[4](Kabat-Zinn 2010).

diese nicht gänzlich erfasst. Hatha Yoga ist Teil eines großen Philosophiesystems, genannt Yoga, dass zwar physische Übungen umfasst, hauptsächlich aber Konzentrations-, Meditations-, und Bewusstseinsübungen, ergänzt durch Regeln zur ethischen Lebensführung sowie philosophischen Grundannahmen über den Aufbau der Welt.

Der Sanskritbegriff *Hatha* bedeutet Kraft oder entschlossene Bemühung, *Yoga* hingegen stammt von der Sanskritwurzel yui = binden, vereinen, anjochen. Frei übersetzt soll also im Hatha Yoga etwas gebunden oder vereint werden, mit Hilfe von Kraft, Entschlossenheit und Disziplin. Das „Etwas" ist der individuelle, egogebundene Geist, der mit dem Unendlichen, dem Absoluten, dem Urgrund allen Seins vereint werden soll. Hilfsmittel dazu ist innere Kraft und unerschütterliche Bemühung. Um den Geist derart zu disziplinieren, wird im Hatha Yoga der Körper als Hilfsmittel eingesetzt. Hatha Yoga ist trotz aller Körperfixierung in seinem Ursprung also eine tief spirituelle Praxis.[5]

Im Hatha Yoga existieren zwei Arten von Körperübungen: Asanas und Flows.

Unter einer Asana versteht man eine Körperhaltung, die über eine bestimmte Zeitspanne gehalten wird. Die meisten Asanas haben Namen wie Baum, Katze, Kobra oder Bogen und ähneln ihren Namensgebern auch in der äußeren Erscheinung. Entscheidend bei der Übung einer Asana ist, dass die Körperposition mit äußerster Konzentration und Bewusstheit eingenommen und gehalten wird. Die Gedanken des Übenden sollen ausschließlich auf die aktuelle Übung und den jetzigen Moment gerichtet sein. Aus physischer Sicht stärken Asanas die Muskulatur und den gesamten Halteapparat. Einige fortgeschrittene Positionen sind jedoch nur für Geübte zu empfehlen, da sie Muskeln, Sehnen und Bänder besonders beanspruchen und bei Ungeübten zu Verletzungen führen könnten. Die Konzentration und Disziplin, die aufgebracht werden muss, um Asanas zu halten, wirkt sich in besonderem Maße auf den psychischen Bereich aus. Der Übende lernt, sich voll und ganz auf eine Aufgabe zu konzentrieren, die Gedanken werden

---

[5]Ausführliche Information über die Zusammenhänge der verschiedenen Yogaarten und des philosophischen Systems bietet das Lehrbuch des Berufsverbandes der Yogalehrenden in Deutschland e. V.: *Der Weg des Yoga. Handbuch für Übende und Lehrende*, (Berufsverband der Yogalehrenden in Deutschland e. V., 2013).

vollständig auf die Körperhaltung fokussiert. Damit kommt sowohl der Körper in der statischen Position, als auch der mentale Bereich zur Ruhe[6].

Im Gegensatz zur statischen Asana steht beim Flow die dynamische, fließende Bewegung des Körpers im Vordergrund. Mehrere Yogastellungen werden dabei synchron mit der Atmung hintereinander geübt, wobei die Übergänge fließend und geschmeidig sind und keine ruckartigen Bewegungen oder statischen Sequenzen beabsichtigt sind. Auch beim Üben von Flows sollen, wie beim Üben von Asanas, die Gedanken auf das Hier und Jetzt gerichtet und vollkommene innere Konzentration erlangt werden. Dem Atem kommt hierbei eine besondere Rolle zu. Er ist nach yogischer Lehre Träger von Lebensenergie (Prana), d. h. derjenige, der es vermag seinen Atem zu kontrollieren, kontrolliert damit auch seine Lebensenergie.

Viele moderne Formen des Hatha-Yoga enden hier. In zahlreichen Yogaschulen und Sportstudios werden Asanas und Flows ausschließlich zu sportlichen und ästhetischen Zwecken geübt; der spirituelle Ursprung des Yoga wird außen vor gelassen. Hatha-Yoga hat sich heute teilweise zu einer Gymnastikform entwickelt, die in der Körpertherapie und Gesundheitsprävention eingesetzt wird. In diesem Zusammenhang werden die zahlreichen positiven Wirkungen auf Körper, Gesundheit und Konzentration genutzt, die man durch das Üben von Hatha-Yoga feststellen kann. Die Stile reichen dabei von extrem fordernd (Power-Yoga, Bikram-Yoga, u. a.) bis sanft therapeutisch (Yoga-Therapie, Rücken-Yoga, u. a.). Je fortgeschrittener ein Hatha-Yogi wird, desto intensiver spürt er jedoch auch die Wirkungen der Übungen auf die Psyche. Zu geistiger Entspannung kommt nach und nach die Erfahrung tiefer Erholung, Ruhe, Zufriedenheit und des Friedens. An dieser Stelle ist Hatha-Yoga der Einstieg und die Vorbereitung zur Ruhemeditation. Wo Asanas und Flows in tiefer Konzentration und Bewusstheit geübt werden, kann der körperbetonte Yoga selbst zur Meditation werden. Hier ist der Übergang von aktiver Meditation zu Ruhemeditation fließend. Einige Yogaschulen und -lehrer berücksichtigen dies und lehren Hatha-Yoga in Verbindung mit bzw. als Vorbereitung auf die Ruhemeditation.

---

[6]Der bekannteste Lehrer statischer Asanas ist im Westen B. K. S. Iyengar. In seinem Standardwerk *Licht auf Yoga. Das grundlegende Lehrbuch des Hatha-Yoga,* (Iyengar 2010) liefert er eine Beschreibung aller gängigen Asanas, die wegen der heute weit verbreiteten degenerativen Erkrankungen jedoch nur unter professioneller Anleitung geübt werden sollten.

Qigong

Der Begriff Qigong wurde erst in den 50er Jahren des letzten Jahrhunderts geprägt und gilt als Sammelbegriff für eine Vielzahl von Übungen. Gemeinsamkeiten dieser Übungen sind die runden, weich-fließenden Bewegungen, die synchron mit der Atmung ausgeführt werden, sowie die Vorstellung, dass mit dem Üben die Lebensenergie (hier Qi genannt) gelenkt werden kann. Man geht davon aus, wie in vielen östlichen Traditionen, dass der menschliche Körper nicht nur aus Kochen, Fleisch und Blut besteht, sondern dass in einem weit verzweigten Netz von Energieleitbahnen, den Meridianen, die Lebensenergie im Körper zirkuliert. Mithilfe der Qigong Übungen soll zunächst erlernt werden, den Fluss des Qi zu erspüren. Dazu muss der gedankliche Fokus voll und ganz auf den eigenen Körper gerichtet werden. Unter qualifizierter Anleitung können mit stetiger Übung die Meridiane und der Energiefluss lokalisiert werden. Dies geschieht mithilfe der eigenen Vorstellungskraft also der Visualisierung der Meridiane, der bewussten Atmung und in den Meisten Qigong Stilen mit geeigneten Körperbewegungen. Ist das Qi im Körper lokalisiert, kann es gezielt gelenkt werden, indem man wiederum den Atem und die Vorstellungskraft einsetzt.

Es gibt zahlreiche verschiedene Methoden, Qigong zu üben. Eine mögliche Einteilung ist die Unterscheidung von nach innen und nach außen gerichteten Stilen. Übungen mit nach außen gewendeter Orientierung (Waigong) beinhalten Kräftigungen der Muskulatur, des Bewegungsapparates und der Organe. Sie werden hauptsächlich geübt, um die Gesundheit des Körpers aufrecht zu erhalten bzw. wiederherzustellen. Nach innen gerichtete Übungen (Neigong) legen das Hauptaugenmerk auf die innere Arbeit, d. h. hier liegt der Fokus, zusätzlich zur körperlichen Gesunderhaltung auf der spirituellen Entwicklung.[7]

Anfänger üben fast immer körperbetont, um zunächst ein verlässliches Körpergewahrsein zu erreichen und Lebensenergie bewusst zu erspüren. Wenn die Sensibilität so weit entwickelt ist, dass das Qi mental gelenkt werden und somit frei fließen kann, befinden sich Körper, Lebensenergie und Geist in Harmonie. Die Selbstheilungskräfte des Organismus können voll wirken und der Mensch befindet sich folglich im Zustand optimaler Gesundheit.

Wegen seiner positiven Wirkungen auf den Organismus ist Qigong grundlegender Bestandteil der Traditionellen Chinesischen Medizin (TCM). Es wird

---

[7]weiterführende Informationen bei Seidel 2001–2014.

sowohl in der Prävention als auch in der Therapie eingesetzt um physische und psychische Ungleichgewichte auszugleichen und den Menschen als Ganzes in Harmonie zu bringen. Damit dies gelingt ist regelmäßiges und ausdauerndes Üben notwendig, am besten täglich. Alter und Geschlecht spielen dabei keine Rolle, die sanften Übungen können von jedem erlernt und ausgeführt werden. Bei fortgeschrittener Übungspraxis wechselt der Fokus, ähnlich wie bei Hatha-Yoga, allmählich vom Körper auf den Geist, d. h. die spirituelle Komponente und die Beschäftigung mit dem eigenen Selbst rücken in den Mittelpunkt. Das bewusste, konzentrierte Sein im gegenwärtigen Moment, das bei jeder Qigong Übung kultiviert wird und die Verfeinerung der Energien im Körper ermöglichen dem Fortgeschrittenen nach und nach den Zugang zu höheren Bewusstseinsstufen.[8]

Auch an dieser Stelle verschwimmt die Grenze zwischen konzentrierter Körperübung und Meditation. Die fortgeschrittene Qigong-Praxis kann daher so weit gehen, Übungen nur noch mental und nicht mehr körperlich auszuführen. Hier ersetzt die kraftvolle Visualisierung die Körperbewegung, Aktion wird zu Meditation.[9]

Kampfkünste

Grundsätzlich muss zwischen Kampfkunst und Kampfsport unterschieden werden. Während Kampfsportarten darauf abzielen, Kampftechniken für den sportlichen Wettkampf zu erlernen und perfektionieren, liegt bei den Kampfkünsten das Hauptaugenmerk auf Selbstverteidigung, Charakterbildung und der Selbsterfahrung.

Die meisten der im Westen gängigen Kampfkünste entstanden im asiatischen Raum. Daher erklärt sich auch der Bezug vieler Traditionen zur Meditation. Sie entwickelten sich in einem kulturellen Kontext, der stark vom Daoismus in China oder Buddhismus in Indien geprägt war.

---

[8]seit R. M. Buckes Grundlagenwerk *Cosmic Consciousness* wird in unregelmäßigen Abständen über Höhere Bewusstseinszustände (Altered States of Consciousness) geforscht. Neuere Erkenntnisse hierzu finden sich z. B. in: (Piron & van Quekelberghe 2012).

[9]weitere und ausführliche Informationen können bei den drei derzeit größten Netzwerken für Qigong eingeholt werden:(Deutsche Qigong Gesellschaft e. V. 2016).

(Deutscher Dachverband für Qigong und Taijiquan 2016).

(Medizinische Gesellschaft für Qigong Yangshen e. V. 2016).

Ursprünglich entstanden die Kampfkünste als Kriegstechnik, um sich im Angriffsfall verteidigen zu können. Viele Mönchsklöster lehrten Kampftechniken, mit denen sich die Mönche gegen Übergriffe schützen konnten, denen sie in einer Zeit von Raubüberfällen und rivalisierender Feudalherrschaft ausgesetzt waren. Eine der bekanntesten ist noch heute die Shaolintradition. Sie gilt als Ursprung der meisten asiatischen Kampfsysteme. Das eigentliche Streben der Shaolinmönche galt der spirituellen Entwicklung, d. h. dem Erlangen von höheren Bewusstseinsstufen bis hin zur Erfahrung des Satori („Erleuchtung", unbeschreibbarer Zustand des reinen Seins). Kombiniert mit dem harten Körpertraining der Kampftechniken ergab sich ein Stil, der sowohl Körper als auch Geist trainierte. Genauso wie Gefühle, Gedanken und mentale Zustände kontrolliert werden sollen, muss auch der eigene Körper gemeistert werden. Der ursprünglich im inneren ausgetragene Kampf gegen das eigene Ego wird im Äußeren fortgeführt. Meister ist nur der, der sowohl über die Funktionen des Körpers als auch über seine Psyche regiert. Neben den physischen Technikübungen für den Kampf bestand das tägliche Training der Mönche aus Übungen zur Atemkontrolle, Unterweisung in Körperkultur und mentalem Training. Letzteres schließt auch die Ruhemeditation mit ein. Die Mönche wurden in den gängigen philosophischen Systemen unterwiesen und pflegten die Tugenden der Selbstbeherrschung, Bescheidenheit und Achtung vor allen Formen des Lebens.[10]

Heute existieren zahlreiche unterschiedliche Kampfkunststile. Sie gehen meist auf eine bestimmte Schule oder einen Lehrer zurück und können die unterschiedlichsten Schwerpunktsetzungen haben. Sie Spannweite reicht von harten Stilen, die sogar den sportlichen Wettkampf suchen und so in die Nähe der Kampfsportarten rücken, bis hin zu weichen, meditativen Stilen, die den Ursprung der Selbstverteidigung weitgehend verloren haben.

Kampfkunstarten, die noch immer eine deutliche meditative Komponente besitzen, sind beispielsweise *Aikido* („Weg der inneren Harmonie"),[11] bei dem Angreifer und Verteidiger möglichst beide unversehrt bleiben sollen, der japanische Schwertkampf *Iaido*[12] oder *Taijichuan,* die weltweit wohl verbreitetste

---

[10](Lind 1996).

[11]Weitere Informationen bei: Deutscher Aikido Bund e. V. (Deutscher Aikido Bund e. V. 2016).

[12]Weitere Informationen bei: Deutscher Iaido Bund e. V., (Deutscher Iaido Bund e. V. 2016).

Kampfkunst[13]. Der Taijichuan-Übende versucht, mit langsamen, fließenden und choreografisch genau festgelegten Bewegungsabläufen die Lebensenergie (Qi) im Körper frei fließen zu lassen. Unerlässlich ist hierfür, exakte Bewegungen synchron mit der Atmung auszuführen. Dies harmonisiert die beiden Pole Yin und Yang und sorgt so für physische und psychische Gesundheit, verleiht die Kraft, einen Gegner abzuwehren und bringt innere Ruhe und spirituellen Fortschritt hervor[14]. Ursprünglich als Selbstverteidigung konzipiert, wird Taijichuan heute sogar in Wellnessbewegungen als Entspannungsgymnastik eingesetzt, wobei hier der philosophische Hintergrund und der eigentliche Zweck der Übungen verloren gegangen sind.

Weitere aktive Meditationsformen
Natürlich könnte die Liste der aktiven Meditationsformen an dieser Stelle noch etliche Seiten fortgeführt werden. Es existieren zahlreiche weitere Methoden, um die unruhigen Gedanken mithilfe der körperlichen Bewegung zu binden. Man denke zum Beispiel an die verschiedenen Formen der Schreib- und Zeichenmeditation, wie die chinesische Kunst der Kalligrafie. Auch hier wird höchste Konzentration und Ruhe kultiviert um entsprechende Ergebnisse zu erzielen. Die Kunst des Mandala-Zeichnens oder -Legens hat ebenfalls bereits Einzug in den europäischen Kulturkreis gehalten. Schon in Schulen werden kindgerechte symmetrische Kreisbilder (aus)gemalt, um sich die positiven Effekte zunutze zu machen.[15]

Die Gehmeditation aus der Zen-Tradition übt wachsame Achtsamkeit mithilfe der rudimentären Bewegung eines Schrittes. Jedem einzelnen Augenblick kommt dabei höchste Aufmerksamkeit zu.

Eine Sonderstellung bei den aktiven Meditationsformen nimmt die Meditation mithilfe der Musik bzw. der Rezitation ein. Als Konzentrationsobjekt dienen traditionelle Lieder (Chants) und Verse, die rhythmisch wiederholt werden. Die meditative Wirkung dieser sog. Mantras besteht sowohl im Binden der Gedanken durch die stetige Wiederholung, als auch in der physikalischen Wirkung der Ton- und Lautschwingungen. Da die Mantrameditation in den meisten Fällen vom stimmlichen Rezitieren zum gedanklichen, inneren Wiederholen übergeht, wird diese Art der Meditation noch einmal ausführlich im Kapitel *Ruhemeditation* beschrieben.

---

[13]Weitere Informationen bei: (Deutscher Dachverband für Qigong und Taijiquan 2016).
[14](Kobayashi 1989).
[15]Weitere Informationen zu Spiritualität der Kunst bei: (Trungpa 2012).

Nicht zuletzt kann jede Alltagshandlung zur aktiven Meditation werden, wenn sie mit einer Haltung bewusster Aufmerksamkeit ausgeführt wird. Entscheidend dabei ist, dass der gedankliche Fokus voll und ganz darauf gerichtet ist, was man in diesem Moment tut. Ob beim Autofahren, beim Essen oder bei der Arbeit; wenn es geling, die Konzentration einzig und allein auf die eben ausgeführte Handlung zu richten, beginnt hier bereits der Weg der Meditation.

2.3 Ruhemeditation

Ruhemeditation wird, wie der Name schon sagt, in körperlicher Ruhe praktiziert. Traditioneller Weise geschieht dies im Lotossitz mit gekreuzten Beinen, doch da westliche Gelenke und Bänder dies nicht gewohnt sind, sitzt man hierzulande meistens auf einem Meditationsschemel, einem Kissen oder auf dem Stuhl. Theoretisch kann auch in flacher Rückenlage meditiert werden, doch aus Gewohnheit führt diese Position eher zum Schlaf als zur wachen Aufmerksamkeit. Wache Bewusstheit – dies ist auch der in der Ruhemeditation angestrebte Zustand. Eine erfolgreiche Meditation ist kein Dämmerzustand, kein mentales Abschalten oder unterbewusste Suggestion sondern ein absolut klarer, wacher, aufmerksamer Bewusstseinszustand. Hier zeigt sich deutlich der Unterschied zu suggestiven Methoden, wie z. B. autogenem Training. Der Meditierende muss zu jedem Zeitpunkt wach, bewusst und achtsam sein.

Yogische Meditation
Die Meditation in der Tradition des Yoga ist die älteste überlieferte Form der Ruhemeditation. Die ältesten yogischen Schriften datieren mindestens auf 2500 v. Chr., wahrscheinlich aber sogar noch weiter zurück ins 5./6. Jahrtausend v. Chr.[16] Eine der wichtigsten Quellen für Yogis, die Katha Upanishad, definiert erstmals ganz konkret Yoga:

> Wunschlos die Sinne, die Strömungen der Gedanken und Gefühle angehalten, das Herz voll Frieden – dies ist der allerhöchste Stand, Yoga wird er genannt.[17]

---

[16]Ausführliche Informationen über die Geschichte des Yoga bei: (Feuerstein 2010).

[17](Berufsverband der Yogalehrenden in Deutschland e. V. 2013, S. 19).

Yoga wird hier also nicht als Übung verstanden, sondern als ein Zustand. Dieser Bewusstseinszustand, in dem keine Wünsche mehr existieren, Gedanken und Gefühle zur Ruhe gekommen sind und tiefer Frieden erfahren wird, wird von Yogis *Samadhi* genannt, der Zustand der Erleuchtung. Eine der wichtigsten yogischen Schriften, die Yoga Sutren des Patanjali, beschreiben diesen ebenfalls:

> Yoga [Samadhi] wird erreicht, wenn die Bewegungen in unserem Geist zur Ruhe kommen, indem man sie unter Kontrolle bringt und zu ihrem Ursprung zurückführt. Wenn die Bewegungen im Geist aufhören, ruht der Seher [der Wahrnehmende, das wahre SELBST] in seiner eigenen Natur.[18]

Das Ziel Samadhi ist demnach der natürliche, ursprüngliche Zustand des Menschen. Er muss nicht erreicht oder erarbeitet werden sondern lediglich wiedererlangt. Dies geschieht mithilfe verschiedener Maßnahmen, z. B. ethischen Verhaltens, Studium spiritueller Schriften, Kontemplation und Nichtverhaftung an die Sinne. Die wichtigste Maßnahme, um in den Zustand des Samadhi zurückzukehren ist jedoch die Meditation. Patanjali erklärt weiter:

> Verinnerlichung [während der Meditation] wird erreicht, indem man das Bewusstsein und die Lebenskraft vom Äußeren zurückzieht und nach innen auf ihren Ursprung lenkt. Höchste Meisterschaft über die Sinne wird erreicht, indem man das Bewusstsein nach innen richtet.[19]

Yogische Meditation heißt also, die Aufmerksamkeit von äußeren Einflüssen abzuziehen und auf innere Vorgänge zu richten. Kommen auch die inneren Vorgänge zur Ruhe, ist das Ziel der Meditation erreicht.

Das *nach innen Richten* ist jedoch nicht so leicht, wie man meinen könnte. Jeder, der schon einmal versucht hat, mit geschlossenen Augen in tiefer Ruhe zu verweilen, wird nach kürzester Zeit eines besseren belehrt: Äußere Ton- und Lichteinflüsse dringen in die Wahrnehmung ein, Bilder tauchen vor dem inneren Auge auf, Gedanken beherrschen das Bewusstsein. Kurz: es ist alles andere als ruhig. Der psychische Apparat sucht ständig Objekte, mit denen er sich beschäftigen kann, seien sie nun in der Außenwelt oder Innen. Um dem zu entkommen bedient sich der Meditierende zahlreicher Techniken. Streng genommen ist die Anwendung von Meditationstechniken selbst noch keine reine Meditation. Sie stellen lediglich ein Werkzeug dar, um den mentalen Bereich gezielt zu

---

[18](Davis 2000, S. 53 f.).
[19](Davis 2000, S. 81).

beschäftigen und zu fokussieren, bis er zur Ruhe kommt. Erst dann beginnt nach yogischem Verständnis die Meditation.

Eine beliebte Meditationstechnik ist die Rezitation von Mantren. Ein Mantra kann ein Vers, ein Satz, ein Wort oder auch nur eine Silbe sein, die als Fixpunkt der Konzentration dient. Das gewählte Mantra kann sowohl laut gesprochen oder gesungen, leise geflüstert oder innerlich in Gedanken wiederholt werden. Wählt man zum Beispiel die Sanskritsilbe OM als Mantra, kann sie entweder laut gesprochen bzw. gesungen werden oder man wiederholt OM ständig in Gedanken, sodass das Denkbewusstsein vollkommen auf den Wiederholvorgang konzentriert bleibt. Dies verhindert, dass die Gedanken ziellos umherschweifen. Der mentale Bereich erhält eine klare Aufgabe. Das mentale Eins-gerichtet-Sein auf ein Konzentrationsobjekt bewirkt, dass nach einiger Zeit die Gedankentätigkeit ruhiger wird. Mit regelmäßiger Übung kann sie sogar ganz zum Stillstand gebracht werden womit sich ein Zustand erholsamer aber bewusster Ruhe einstellt. Als Mantra kann jedes Wort oder Satz dienen, am besten jedoch ein Wort, das beim Meditierenden positiv besetzt ist, wie z. B. „Frieden" oder „Entspannung". Traditioneller Weise wird eine Sanskritsilbe oder ein Vers aus einer bedeutenden Schrift gewählt weil deren Klangschwingung besondere Wirkung auf den Organismus und den Geist zugeschrieben wird. Die Rezitation von Mantren sollte jedoch nicht mit suggestiven Methoden verwechselt werden. Die ständige Rezitation beabsichtigt nicht unterbewusste Bewusstseinsebenen zu programmieren, sondern sie dient dem Wachbewusstsein dazu, klar, aufmerksam und auf einen Fixpunkt konzentriert zu bleiben.

Ein weiteres wichtiges Meditationsinstrument, dem sich viele Meditationstechniken bedienen, ist der Atem. Er kann beispielsweise, genauso wie ein Mantra, als Konzentrationsobjekt eingesetzt werden. So zählt man hier statt eines Wortes die Anzahl der Atemzüge. Häufig wird ein Mantra auch mit dem Atemrhythmus synchronisiert, d. h. die Wiederholung des Mantras findet mit der Ein- bzw. Ausatmung statt. Der Atem kann aber auch selbst als Fixpunkt dienen. Zu diesem Zweck werden die Vorgänge des Atmens genau beobachtet. Welche Körperregionen bewegen sich beim Atmen? Welches Geräusch erzeugt er? Wie fühlt sich die Ein- und Ausatmung und Nase und Kehle an? Der Meditierende ist so Beobachter seiner eigenen Atemvorgänge. Er kommt zum einen durch die Konzentration auf den Vorgang zur Ruhe, kann aber zusätzlich lernen, sich als beobachtende Instanz von Körperfunktionen zu distanzieren.

Dem Atem kommt in der Meditation, neben seiner Funktion als Konzentrationsobjekt, noch eine weitere besondere Bedeutung zu. Wie schon im vorherigen Kapitel angesprochen, gehen östliche Traditionen von der Annahme aus, dass der

Atem als Träger von Lebensenergie (Prana) fungiert. Aus dieser Lehre heraus resultiert die Praxis des Pranayama. Pranayama bedeutet die Kontrolle über die körpereigenen Lebensenergien mithilfe des Atems[20]. Durch bestimmte, oftmals kraftvolle Atemübungen und in manchen Fällen auch mithilfe von Visualisierungen wird hier Lebensenergie im Körper erspürt und gezielt gelenkt. Diese Übungen müssen aber in jedem Fall unter qualifizierter Leitung erlernt und eingeübt werden, da der Eingriff in das vegetative und energetische System des Körpers nicht unüberlegt und unsachgemäß erfolgen sollte.

Natürlich existieren noch zahlreiche weitere yogische Meditationstechniken. Das Ziel all dieser ist es, wach und bewusst im Zustand des Samadhis zu verweilen. Dies wird jedoch meistens oft nur nach jahrelanger, sogar lebenslanger intensiver Übung erreicht. Je mehr Übungspraxis der Meditierende erlangt, desto weniger Meditationstechniken muss er in der Regel einsetzten, um einen Zustand innerer Ruhe und Wachheit zu erfahren. Die Meditationspraxis besteht dann kaum noch aus der Anwendung verschiedener Techniken; fortgeschrittene Meditierende verweilen in der Meditation hauptsächlich in einem Zustand reinen Seins, der in seiner Ruhe, Bewusstheit und Klarheit dem normalen Wachbewusstsein deutlich überlegen ist.[21]

Jedem, der Meditation in der Tradition des Yoga praktiziert, sollte also bewusst sein, dass ihr eigentliches Ziel spiritueller Natur ist. Jedoch kann Meditation auch zu weniger hohen Zielen, als dem Erreichen des Samadhi Zustandes, eingesetzt werden. Zahlreiche Studien belegen heutzutage die vielen positiven Wirkungen auf Körper und Psyche. Unter anderem sind hier zu nennen: Regulierung des Blutdruckes, Verbesserung der Herz-Kreislauffunktionen[22], verbesserte Konzentrationsfähigkeit, positive Wirkungen auf Angst, Depression, Stress und zahlreiche mehr[23]. Doch mehr dazu an anderer Stelle.

Buddhistische Meditation
Buddhistische und yogische Meditation weisen viele Ähnlichkeiten und Parallelen auf. Dies ist auch nicht verwunderlich, denn die buddhistische Meditationsweise ist aus der yogischen hervorgegangen. Der Gründer des Buddhismus, Siddharta Gautama, war selbst Hindu und wuchs in der indischen Tradition auf. Als junger Mann reformierte er die yogische Lehre, die im

---

[20](Berufsverband der Yogalehrenden in Deutschland e. V. 2013, S. 183 ff.).
[21](Engel 1999).
[22](Matthis 2012).
[23](Sedlmeier 2012).

Laufe der Jahrhunderte dogmatisch, und extrem ausgeübt wurde. Zudem war sie nur einem exklusiven Personenkreis zugänglich. Gautama lehnte jegliche Institutionalisierung und Personenkult ab und kehrte zurück zu einer Lehre, die für jeden Menschen praktikabel war, ungeachtet seiner Herkunft.

Wie im Yoga besteht das Ziel der buddhistischen Meditation darin, den Zustand der Erleuchtung zu erfahren, hier die Buddha-Natur genannt. Im Zuge dessen soll der Meditierende Einsicht in die Natur des Geistes erlangen. Die Frage ist also: Wer bzw. was bin ich, wenn alle vergänglichen Teile abfallen? Es genügt jedoch nicht, diese Frage mit dem Verstand zu erörtern, da die Natur des Geistes mit der Ratio nicht fassbar ist. Der Meditierende kann die Antwort nur direkt erfahren bzw. erleben. Das Wort *erleben* trifft den Kern der Erfahrung jedoch nicht optimal, da es in unserem Sprachgebrauch immer mit Emotionen verbunden ist. Man erlebt etwas mit seinen Sinnen. Genau diese sollen in der Meditation aber nicht beachtet und im besten Fall zur Ruhe gebracht werden. Hier taucht das Problem der Sprache auf. Wie soll man eine Erfahrung umschreiben, die nicht mit Emotionalität verbunden ist, wo unsere Sprache auf Sinneseindrücken aufgebaut ist? Festzuhalten bleibt, dass die Einsicht in die Natur des Geistes nach buddhistischer (und auch nach yogischer) Auffassung durch Meditation erlangt werden kann.

In den buddhistischen Traditionen wird zusätzlich betont, dass das Ziel Erleuchtung erreicht werden muss, um den leidvollen Kreislauf der Reinkarnationen zu überwinden. Wer in einer buddhistischen Tradition meditieren möchte, sollte sich unbedingt mit dem entsprechenden Weltbild, also mit der Lehre der Reinkarnation, den vier Edlen Wahrheiten und dem achtstufigem Weg vertraut machen, um zu wissen, welchem geistigen Hintergrund diese Art der Meditation entspringt. Für eine genaue Darstellung dessen ist hier leider zu wenig Platz, dem interessierten Leser sei jedoch die Vortragsreihe des XIV. Dalai Lama zur Einführung in den Buddhismus ans Herz gelegt.[24]

Um das Ziel, die Buddha-Natur, zu erfahren, wird in der buddhistischen wie auch in der yogischen Tradition zunächst die Wichtigkeit der ethischen Lebensführung betont. Der Meditierende soll ein einfaches, rechtschaffenes und gemeinnütziges Leben führen. Besonders wichtig ist es, die Tugenden der Güte, des Mitgefühls und des Gleichmutes zu pflegen. Wer eine Einstellung aufrichtigen Mitgefühls kultiviert und in der Lage ist, jedem Lebewesen nicht-besitzergreifende Liebe entgegenzubringen, dessen Denken und Handeln ist nicht

---

[24](XIV. Dalai Lama 1992).

länger Ego-motiviert, sondern nimmt das eigene Ich zugunsten des Nächsten zurück. Dies sind beste Voraussetzungen für eine erfolgreiche Meditation.

Die eigentliche Sitzmeditation in der buddhistischen Tradition dreht sich ebenfalls wieder um das bewusste Verweilen im gegenwärtigen Moment, hier Achtsamkeit oder ruhiges Verweilen genannt.[25] Der Meditierende richtet seine Aufmerksamkeit dabei voll und ganz auf ein Meditationsobjekt. Dies ermöglicht ihm, seine Konzentration ausschließlich auf einen Punkt gerichtet zu halten. Alles andere soll aus dem Bewusstseinsfeld verschwinden. Je nach Schule oder buddhistischer Tradition können die Meditationsobjekte verschieden sein.

Man findet ebenfalls wieder Mantras, die ständig rezitiert werden. Der Zweck der Mantras gleicht dem der yogischen Tradition: Sie sind Konzentrationsobjekt, mentale Stütze und Träger von kraftvollen Klangschwingungen, mit denen der Rezitierende in Resonanz gehen kann.

Eine weitere Möglichkeit, die mentalen Prozesse auf ein Meditationsobjekt zu bündeln, ist diejenige, sich eine der zahlreichen Eigenschaften eines Buddhas zu vergegenwärtigen. Das kann zum Beispiel Furchtlosigkeit, Weisheit oder liebende Güte sein. Der Meditierende visualisiert eine figürliche Darstellung des gewählten Buddhas oder ein Licht und richtet seine vollständige Aufmerksamkeit auf das Objekt. Optimalzustand ist der, wenn der Meditierende mit dem Objekt seiner Konzentration verschmilzt und er selbst eins mit der vergegenwärtigten Eigenschaft wird. Manche Traditionen meditieren auf diese Weise auch über einen bedeutenden Lehrer (Guru) und beabsichtigen so, denselben Bewusstseinszustand zu erfahren.

Die Tradition des Zen-Buddhismus kennt noch ein weiteres interessantes Meditationsobjekt. Dem Zen-Mönch wird vom Lehrer ein unlösbares Rätsel gestellt, ein sogenannter Koan. Ein Beispiel: Wie klingt das Klatschen einer einzelnen Hand? Da ein Koan nicht mit dem Verstand zu lösen ist, wird der Meditierende, meist nach langer verzweifelter Suche nach einer Lösung, dazu gedrängt, das rationale Denken zu übersteigen. Dies führt ihn wiederum zu höheren Bewusstseinsebenen und letztendlich zur Erleuchtung. Diese Form der Meditation ist für den westlichen Menschen jedoch kaum praktikabel, sie wird nur in Zen-Klöstern unter Anleitung und Supervision eines Meisters gelehrt. Weitere Meditationsformen in der Tradition des Zen können im deutschsprachigen Raum mittlerweile in verschiedenen Einrichtungen erlernt werden.[26]

---

[25](XIV. Dalai Lama 2001).

[26]Weitere Informationen zur Zen-Meditation bei Enomiya-Lassalle 1988.

Durchaus nützlich und praktikabel für den westlichen Meditierenden ist die Praxis der Vipassana-Meditation. Vipassana-Meditation bedeutet Einsichts- oder Klarblicksmeditation. Einsicht soll erlangt werden in die tatsächliche Natur der Welt und des Geistes. Alles was wir in der Welt wahrnehmen, ist letztendlich die Verarbeitung von Sinneseindrücken in unserem Gehirn. Das heißt, dass ein Tisch, den wir erblicken, dadurch entsteht, dass das Auge Licht und Farben erkennt, der Tastsinn Informationen über die Beschaffenheit des Materials liefert und das Gehirn die eingehenden, komplexen Informationen mit der bereits vorhandenen Erfahrung abgleicht. Das perfekte Zusammenspiel der Sinne konstruiert unsere Wirklichkeit. Meditation versucht, Einsicht in die Wirklichkeit zu erlangen, ohne dabei von den Sinnesprogrammen beeinflusst zu werden. Vipassana-Meditation versucht dies, indem jedem einzelnen Sinneseindruck unbedingte, nicht wertende Aufmerksamkeit geschenkt wird. Dadurch zerfällt jede Wahrnehmung in eine Vielzahl an Einzelwahrnehmungen, sozusagen den Sinnesrohdaten. Ein Beispiel: Der Meditierende sitzt mit geschlossenen Augen in einer angenehmen Sitzposition. Zuerst richtet er nun die Aufmerksamkeit auf die Wahrnehmung seiner Körperposition. Wie sitzt der Körper? Wie fühlt er sich an? Was kann zusätzlich alles beobachtet werden? Jeder Beobachtung wird gleichsam ein Etikett aufgedrückt. Wenn der Meditierende ruhig ist, so denkt er „ruhig", wenn er einatmet denkt er „einatmen", wenn seine Füße zu kribbeln beginnen denkt er „Füße kribbeln" usw. Jede eingehende Information wird gedanklich notiert, es passiert also ein ständiger kontrollierter Gedankenstrom, wie z.B. „einatmen", „die Uhr tickt: hören", „die Hände sind kalt: fühlen", „ausatmen", „Vogelgezwitscher: hören", „denken" usw. Im Laufe der Zeit werden die Beobachtungen immer differenzierter. Sie zerfallen in zahlreiche Einzelbeobachtungen und auch die Phasen des Entstehens und Vergehens von Eindrücken werden mit steigender Aufmerksamkeit erfasst. Mit fortschreitender Übung erkennt der Meditierende die drei Daseinsmerkmale: 1) Das Dasein ist vergänglich, d. h. Dinge und Eindrücke kommen und gehen. 2) Das Dasein ist unzulänglich, d.h. es ist von körperlichem und psychischem Leid begleitet, z. B. Schmerz, Unwohlsein, Trauer, Depression usw. 3) Das Dasein ist unpersönlich, d. h. nichts im Daseinskreislauf besitzt eine eigenständige Existenz. Diese Erkenntnis löst im Meditierenden den Wunsch aus, das einzig beständige zu erfahren: das Nirvana.[27]

Kaum ein anderer Begriff ist so viel diskutiert aber auch falsch verstanden worden wie dieser. Da Nirvana nicht mit Sprache erfasst werden kann, bleibt nur

---

[27](Sujiva 2006).

die Aufzählung von Dingen, die es nicht ist: Es ist ein Zustand frei von Leidenschaften, frei von Anhänglichkeiten, frei von persönlicher, egogebundener Existenz, es ist eigentlich nicht einmal ein Zustand. Die Negierungen führten dazu, dass Nirvana in vielen Publikationen als „Nichts" bzw. das völlige Verlöschen des Selbst übersetzt wurde. Dies kann aber schnell falsch interpretiert werden. Der XIV. Dalai Lama betont, „daß Selbstlosigkeit nicht die Abwesenheit von *Existenz* überhaupt ist, sondern die Abwesenheit von *inhärenter Existenz.*"[28] Das Selbst im Sinne einer eigenständigen, individuellen Existenz wird durchaus aufgegeben, nicht jedoch die Existenz, das Sein selber. Hier treffen wir wieder mit der yogischen Lehre zusammen, die ihrerseits die Erfahrung reinen, universellen Seins anstrebt.

2.4   Zusammenfassung: Was ist Meditation und wer darf sie ausüben?

Nachdem nun die wichtigsten Meditationstraditionen angesprochen wurden und auch ein Blick durchs Schlüsselloch auf die Philosophien geworfen wurde, die hinter vielen meditativen Überlieferungen stehen, kann man nun versuchen, die grundlegenden Gemeinsamkeiten der meditativen Übungen herauszukristallisieren.

Grundsätzlich beschäftigt sich Meditation mit dem eigenen Selbst. Meditation soll Hindernisse, die eine klare Wahrnehmung des Selbst verhindern, beseitigen. Diese Hindernisse sind sowohl körperlicher als auch psychischer Natur. Körperliche Hindernisse sind z. B. physische Unruhe, ungesunde Ernährung, Krankheit etc., als psychische Hindernisse gelten z. B. ständige Aktivität der Gedanken, starke Emotionalität, mentale Trägheit und viele mehr. Um die zahlreichen Hindernisse zu beseitigen, muss der Meditierende am eigenen Verhalten und inneren Vorgängen arbeiten. Meditation ermöglicht dabei das bewusste Wahrnehmen der störenden Faktoren und unterstützt den Übenden in deren Überwindung. Wenn alle Prozesse, die einer klaren Wahrnehmung entgegenstehen, zur Ruhe gebracht worden sind, kann das reine Selbst ungetrübt erfahren werden. Dies wird als Erleuchtungserfahrung beschrieben.

Die Erleuchtungserfahrung geht einher mit einer Auflösung des persönlichen Ichs. Die Frage „Wer bin ich?" resultiert darin, dass alle Dinge, die als

---

[28](XIV. Dalai Lama 1992, S. 59).

vermeintliches Ich betrachtet werden, wie z. B. Körper, Gedanken, Gefühle und Persönlichkeitsmerkmale, als unbeständig und vergänglich identifiziert werden. Der Mensch kann sich ihrer jedoch als Werkzeug bedienen, er benötigt sie, um sich auf der Welt ausdrücken zu können. Doch weil er sie beobachten und beeinflussen kann, können sie nicht das endgültige Selbst sein. Einstellungen, Emotionen, und Handlungsmotivationen werden als Werkzeuge des Handelns erkannt; sie formen eine Person, sind aber selbst nicht der Kern der Existenz, das unumstößliche Selbst. Das Ego als Persönlichkeit zerfällt zugunsten einer erweiterten Seins-Erfahrung.

Hier zeigt sich aber auch die Gefahr der Meditation. Menschen, die unter einer Persönlichkeitsstörung leiden, sollten keinesfalls Meditation ausüben. Gleiches gilt für Patienten mit neurotischen Störungen und Erkrankungen, die mit einer gestörten Ich-Wahrnehmung einhergehen. Meditation rüttelt auf lange Sicht am Selbstkonzept und zwingt den Meditierenden, sich mit dem eigenen Sein auseinander zu setzen. Dies sollte keinesfalls geschehen, wenn bereits das Fundament bröckelt. Auf einer schwankenden Basis kann kein neues, erweitertes Selbstkonzept aufgebaut werden.

Der gesunde Meditationsanfänger muss nun aber keine Angst haben, dass ihm die Grundlage seiner Existenz entzogen wird. Im Gegenteil: höhere Bewusstseinsebenen sind dadurch gekennzeichnet, dass sie die „tieferen Ebenen" mit einschließen.[29] Meditation erweitert und bereichert also den Bewusstseinsbereich. Nicht umsonst beschreiben fortgeschrittene Meditierende die Zustände tiefer Meditation als besonders friedvoll und freudvoll. Wenn aber bereits Probleme mit den alltäglichen Bewusstseinszuständen bestehen, also psychische Erkrankungen vorliegen, dann sollten diese vorher bearbeitet werden, bevor man sich auf den Weg zu neuen Ufern begibt.

Eine Beeinträchtigung, die nicht zu den psychischen Krankheiten gerechnet wird, und die mit Meditation sehr gut angegangen werden kann, ist der Stress. Hier kann Meditation sehr gute Dienste leisten.

---

[29](Tart 1972).

Stressbewältigung durch Meditation 3

Wie im vorangegangenen Kapitel gezeigt, ist Meditation eine Übungspraxis, die in ihrem Ursprung spirituelle, also bewusstseinserweiternde Ziele verfolgt. Zahlreiche Erfahrungsberichte und wissenschaftliche Studien zeigen jedoch auch, dass verschiedene positive Wirkungen auf Körper und Psyche durch Meditation zu verzeichnen sind. Man kann also auch meditieren, wenn man an der Erforschung des eigenen Selbst nicht primär interessiert ist, sondern sich „nur" die positiven Begleiterscheinungen zunutze machen will, zum Beispiel bei Stress. Zu diesem Zweck gibt es heute ein breites Angebot an Meditations- und Entspannungskursen. Dabei werden häufig traditionelle Meditationstechniken mit modernen Entspannungsübungen kombiniert. Grundsätzlich ist dagegen nichts einzuwenden. Vorsicht ist aber dann geboten, wenn Meditation zu einer reinen Wellnessübung verkommt, denn dann ist davon auszugehen, dass der Anleitende den eigentlichen Sinn der Meditation nicht verstanden hat oder nicht kennt. Ein qualifizierter Meditationslehrer weiß, dass Meditation eine spirituelle Übung ist und bleibt, auch wenn nicht jeder den ganzen Weg gehen möchte.

Bei der Bewältigung von Stress kann Meditation in drei Bereichen hilfreich sein: Sie kann es ermöglichen, Stress zu erkennen und zu verstehen, auf Stressoren richtig zu reagieren und schließlich Stressreaktionen selbst zu vermeiden.

© Springer Fachmedien Wiesbaden 2016

A. Sonntag, *Stressbewältigung durch Meditation*, essentials,

DOI 10.1007/978-3-658-14622-1_3

3.1 Mit Meditation Stress erkennen: körperliche und psychische Vorgänge bei Stress

3.1.1 Stresssymptome beobachten

Stress entsteht, wenn das psychophysische Gleichgewicht des Menschen gestört wird, weil innere und/oder äußere Einflüsse auftreten, für die der Organismus bisher keine ausreichenden Kompensationsmöglichkeiten besitzt. Um die Balance (Homöostase) wieder herzustellen wird eine Art Notfallprogramm ausgelöst – Stress tritt auf.[1] Die Stressreaktion kann an verschiedenen körperlichen und psychischen Symptomen beobachtet werden.

Die wichtigsten akuten körperlichen Stressreaktionen betreffen die in Tab. 3.1 gelisteten Bereiche.

Für diese Stressreaktionen ist ein komplexes Zusammenspiel von zentralem Nervensystem, vegetativem Nervensystem und Hormonsystem vonnöten.

Zusätzlich zu den körperlichen Symptomen (siehe Tab. 3.1) können zahlreiche psychische Stresssymptome hinzukommen. Diese sind weniger genau vorherzusagen, denn sie resultieren zumeist aus den Vorerfahrungen und Einstellungen des Menschen. Auch die individuelle Wahrnehmung der Lebensumstände beeinflusst die psychische Reaktion bei Stress.[2] So können beispielsweise akute Zustände von Angst, Nervosität, Konzentrationsstörungen usw. auftreten.

Akute Stresssituationen lösen also kurzzeitige Notfallreaktionen aus, um den Organismus für eine vorübergehende Ausnahmesituation zu wappnen. Was aber, wenn die Kurzzeitbelastung in eine dauernde Belastung übergeht? Wenn aus akutem Stress chronischer Stress wird? Dann sind Körper und Psyche einem andauernden Anspannungszustand ausgesetzt, der auf lange Sicht krank macht. Kaluza fasst die wichtigsten chronischen, stressbedingten Erkrankungen folgendermaßen zusammen (siehe Tab. 3.2).

Psychische Symptome von Langzeitstress werden häufig unter dem Begriff Burn-out zusammengefasst: mentale Erschöpfung, Unruhezustände, Anspannung, sozialer Rückzug, Depression, mitunter auch Aggression, Motivations- und Antriebslosigkeit und Verzweiflungszustände sind nur einige der zahlreichen, möglichen Symptome.[3]

---

[1]Detaillierte Informationen bei (Kaluza 2011).

[2](Zimbardo und Gerrig 2004).

[3]Detaillierte Informationen bei (Burisch 2010).

Tab. 3.1 Akute körperliche Stressreaktionen (Kaluza 2011)

Atmung	• Bronchien erweitern sich
	• Atmung wird schneller, um mehr Sauerstoff in den Körper zu transportieren
Herz-Kreislauf	• bessere Durchblutung des Herzens
	• Herzschlagrate steigt an
	• Blutdruck steigt
	• Blutgefäße des Herzens, Gehirns und der großen Arbeitsmuskeln weiten sich, gleichzeitig verengen sich Blutgefäße der Haut, der Körperperipherie und des Verdauungstraktes um Herz, Gehirn und Muskeln besser mit Blut und Energie zu versorgen
Muskulatur	• Muskelspannung und Reflexgeschwindigkeit wird erhöht
	• Bessere Durchblutung der Skelettmuskulatur
	• Vorbereitung der Muskulatur auf Arbeit, z. B. Kampf oder Flucht
Stoffwechsel	• Zuckerreserven aus der Leber werden vermehrt ins Blut abgegeben, hauptsächlich für den Verbrauch im Gehirn
	• Fettsäuren aus den Fettdepots des Körpers werden ins Blut abgegeben, hauptsächlich für den Verbrauch in der Muskulatur
	• Verdauungstätigkeit von Magen und Darm sowie der Speichelfluss werden gehemmt
	• Vorbereitung des Organismus auf erhöhten Energieverbrauch
Sexualität	• Freisetzung von Sexualhormonen wird reduziert
	• Genitalien werden weniger durchblutet
	• Ansprechbarkeit auf sexuelle Reize sowie das sexuelle Verlangen ist eingeschränkt
Immunsystem	• Kurzzeitiger Anstieg der natürlichen Killerzellen im Blut um Fremdkörper und Erreger schneller ausschalten zu können
	• Erhöhte Gerinnungsfähigkeit des Blutes
Schmerz	• Vermehrte Ausschüttung von Endorphinen, dadurch verminderte bis komplett ausgesetzte Schmerzempfindlichkeit

Wie kann Meditation hier nun helfen?

Meditation kann durch aufmerksame Beobachtung Stresssymptome zuallererst einmal erkennen. Dieser erste Schritt, das Bewusst-Machen der individuellen Stresssymptome ist von grundlegender Wichtigkeit um gegen Stress vorzugehen, denn nur wer erkennt, welche Bereiche des eigenen Systems aus dem Balancezustand geraten sind, der kann etwas daran ändern. Was dem Menschen nicht bewusst ist, was seiner Aufmerksamkeit entgeht, das wird er auch nicht ändern können. Die Frage, die sich ein Stresspatient also stellen

Tab. 3.2 Mögliche Krankheitsfolgen chronischer Stressreaktionen (Kaluza 2011)

Gehirn	• Einschränkung der kognitiven Leistungsfähigkeit und der Gedächtnisfunktionen
	• Hirninfarkt
	• Depression
Sinnesorgane Auge Ohr	• Erhöhter Augeninnendruck
	• Ohrgeräusche, Tinnitus, Hörsturz
Herz-Kreislauf	• Essenzielle Hypertonie
	• Arteriosklerose
	• Koronare Herzerkrankungen
	• Herzinfarkt
Muskulatur	• Kopf-, Rückenschmerzen
	• „Weichteilrheumatismus"
Verdauungsorgane	• Störungen der Verdauung • Magen-Darm-Geschwüre
Stoffwechsel	• Erhöhter Blutzuckerspiegel/Diabetes
	• Erhöhter Cholesterinspiegel
Immunsystem	• Verminderte Immunkompetenz gegenüber pathologischen Einflüssen von außen (Infektionserkrankungen, Aids) und innen (Tumorwachstum)
	• Übersteigerte Immunreaktionen gegenüber Einflüssen von außen (Allergien) und innen (Autoimmunerkrankungen)
Schmerz	• Verringerte Schmerztoleranz
	• Erhöhtes Schmerzerleben
Sexualität	• Libidoverlust
	• Zyklusstörungen
	• Impotenz
	• Störungen der Samenreifung, Infertilität

Hinweis: Die Tabelle führt die häufigsten körperlichen Krankheiten auf, die durch Dauerstress verursacht oder in ihrem Verlauf beeinflusst sein können. Dies bedeutet jedoch nicht, dass die jeweilige Erkrankung in jedem Falle und ausschließlich auf Stress zurückzuführen ist

muss, ist: Was geschieht mit mir bzw. in mir? Oftmals werden Warnsignale des Organismus ignoriert oder gar nicht bewusst wahrgenommen, weil die Aufmerksamkeit nicht darauf gerichtet ist, oder der Betreffende nicht über die notwendigen Achtsamkeitstechniken verfügt. Man spürt, dass etwas nicht stimmt, dass man „einfach nur gestresst ist" aber welche Faktoren machen den eigenen Stress aus? Natürlich gibt es Stresssymptome, die sich einer Introspektion in der Regel entziehen, wie z. B. Hypertonie oder erhöhte Blutzucker- und Cholesterinspiegel, doch sehr viele Symptome können mit Übung tatsächlich identifiziert werden. Durch Meditation können Veränderungen in der eigenen Atmung, im Herz-Kreislaufsystem und der Muskelspannung beispielsweise sehr gut beobachtet werden. Auch der eigene emotionale Zustand kann mit etwas Übung beobachtet werden. Folgende Achtsamkeitstechniken leisten hier gute Dienste:

Praxis-Übung: Body Scan[4]
Sitzen Sie entspannt auf einem Stuhl oder legen Sie sich auf eine bequeme Unterlage. Erspüren Sie zunächst einmal ihre genaue Position. Wie sitzen bzw. liegen Sie? Welche Körperteile liegen wie auf der Unterlage auf?

Im nächsten Schritt richten Sie ihre Aufmerksamkeit auf einzelne Körperteile. Beginnen sie zum Beispiel beim rechten Fuß. Widmen Sie ihre ganze Aufmerksamkeit diesem Körperteil: Wie fühlt er sich an? Ist er warm oder kalt? Wie liegt er auf dem Boden auf?

Wandern Sie als nächstes weiter nach oben zum rechten Unterschenkel. Hier erspüren Sie ebenfalls wieder: Wie fühlt er sich an? Gibt es vielleicht Spannungen in der Muskulatur? Entspannen sie den rechten Unterschenkel noch einmal ganz bewusst, lassen Sie ihn schwer werden und in die Unterlage einsinken.

Auf diese Weise wandern Sie gedanklich durch den gesamten Körper. Nach den einzelnen Bereichen der Beine folgen die Armbereiche, die einzelnen Teile des Rumpfes und schließlich die Kopfbereiche wie Hals, Kaumuskulatur, Stirn usw. Wenn die reine gedankliche Ansteuerung der Körperteile schwer fällt, können diese zur besseren Lokalisierung kurz angespannt werden. Das Ausschlaggebende an dieser Übung ist, dass der Übende zu jedem Zeitpunkt bewusster Beobachter sein soll. Die Aufmerksamkeit ist ausschließlich auf den gerade angesprochenen Körperteil gerichtet. Dies klappt für Anfänger am besten, wenn der Body Scan von einer zweiten, kompetenten Person angeleitet wird. Zu

---

[4]Alle Praxis-Übungen, die ich in diesem Buch vorstelle, beziehen sich auf traditionell überlieferte Achtsamkeits- und Meditationsübungen. Sie werden durch einen persönlichen Lehrer oder im Rahmen einer authentischen Ausbildung zum Yogalehrer und/oder Meditationslehrer weitergegeben. Meine Praxisbeispiele entspringen der Ausbildung durch die Kriya-Yoga-Akademie Deutschland (Reiske 2016).

schnell schweift sonst die Aufmerksamkeit ab. Durch die qualifizierte Anleitung wird der Übende immer wieder auf das Beobachtungsobjekt fokussiert.

Der Body Scan schult die eigene Körperbeobachtung. Der Übende lernt, den eigenen Körper in seinen Einzelteilen bewusst wahrzunehmen. Dadurch können zum einen Spannungen im Körper erspürt werden, zu anderen wird die Konzentrationsfähigkeit selbst geschult. Ein Meditierender kann seine Aufmerksamkeit längere Zeit fokussiert halten.

In Bezug auf Stress kann so erlernt werden, körperliche Symptome aufzuspüren und bewusst wahrzunehmen. Bei regelmäßiger Übungspraxis können sogar die einzelnen Körperteile gleichzeitig mit dem Erspüren entspannt werden. Die bewusste Wahrnehmung des Unterschieds Spannung – Entspannung leistet einen wichtigen Beitrag in der Früherkennung von Stresssymptomen.

Praxis-Übung: Der Beobachter

Die Aufmerksamkeit kann ähnlich dem Body Scan auch auf andere körperinterne Vorgänge gerichtet werden. Einer der wichtigsten Konzentrationsobjekte ist der Atem.

Richten Sie also ihre Aufmerksamkeit, nachdem sie eine angenehme Sitzhaltung eingenommen haben, auf die Atmung. In welchen Bereichen findet die Atmung statt? Atmen Sie durch die Nase oder den Mund? Welche Bereiche werden durch die Atmung bewegt? Hebt sich der Brustbereich, die Bauchdecke, weiten sich die Flanken? Nachdem sie diese Vorgänge einige Momente lang beobachtet haben, richten sie ihre Aufmerksamkeit auf jeden einzelnen Atemzug. Wie lang ist die Einatmung, wie lang die Ausatmung, gibt es Atempausen usw.? Wann ist ein Kältegefühl auf den Nasenschleimhäuten zu spüren, wann ein Wärmegefühl?

All diese Aspekte sollten natürlich nicht gleichzeitig beobachtet werden. Damit wäre die Konzentration schnell überfordert. Der Fokus ist immer auf einen einzelnen Vorgang gerichtet. Auch hier ist es wieder nützlich, kompetent angeleitet zu werden um die Abschweifung der Gedanken zu vermeiden.

Entscheidend ist, dass der Übende immer den Standpunkt des Beobachters einnimmt. Er greift nicht aktiv ins Geschehen ein. Dies ermöglicht es ihm, die Vorgänge des Körpers aus der Distanz zu betrachten. Allein dadurch stellt sich in manchen Fällen bereits eine Besserung verschiedener Symptome ein, z. B. kann sich die Atmung bereits dadurch beruhigen, indem man sich einer unruhigen Frequenz gewahr wird und diese eine Zeit lang beobachtet.

Die Übung des Beobachterstandpunktes kann mit verschiedenen Konzentrationsobjekten durchgeführt werden. Neben der Fokussierung auf die Atmung können beispielsweise auch Gedankenvorgänge oder Emotionszustände beobachtet werden. Aus der Position des neutralen Beobachters resultieren vorrangig zwei Dinge: Erstens, der Soll-Ist-Zustand wird festgestellt, d. h. der Beobachtende kann in die Lage versetzt werden, stressbedingte Veränderungen im Organismus wahrzunehmen. Zweitens, es geschieht eine Distanzierung von Organismus und Beobachter, d. h. der Beobachtende lernt, sich nicht mit beeinträchtigenden Zuständen zu identifizieren. Er kann sie zwar beobachten, *ist* sie aber nicht. Er ist die beobachtende Instanz und nicht ein Symptom. Diese Erkenntnis ermöglicht es, aktiv auf die wahrgenommenen Veränderungen im Organismus zu reagieren. Der Beobachtende ist dem eigenen Stresszustand nicht hilflos ausgeliefert, sondern kann aus der Distanz aktiv werden.

3.1.2 Ursachen für Stress erkennen und verstehen

Um Stresssymptome nicht nur zu erkennen sondern auch zu vermeiden, müssen die Ursachen ausgemacht werden, die eine Stressreaktion hervorrufen. Diese Ursachen sind sehr individuell; ein und dieselbe Situation kann bei verschiedenen Personen absolut unterschiedliche Reaktionen hervorrufen. Was den Einen stresst, fordert den Anderen vielleicht nicht im Geringsten. Häufige Stressoren, also interne oder externe Ereignisse, die Stress erzeugen, werden in Tab. 3.3 aufgeführt.

Stressoren lassen sich nicht komplett vermeiden, sie sind Teil unseres Lebens und Zusammenlebens. Nicht alle Stressoren wirken sich ausschließlich negativ auf den Menschen aus. Eine fordernde Situation, die vielleicht für den Moment Stress erzeugt, kann gemeistert werden, sodass der Betroffene gestärkt und selbstbewusst aus ihr hervorgeht. Die erfolgreiche Bewältigung von Herausforderungen gibt uns die Möglichkeit zu lernen, uns zu entwickeln und an den Anforderungen zu wachsen. Ob wir Stressoren bewältigen können, hängt jedoch auch damit zusammen, mit welcher Häufigkeit wir ihnen ausgesetzt sind. Ständiger Stress ohne den nötigen Ausgleich führt daher mit Sicherheit zu Problemen. Besteht zwischen den Stresssituationen aber genug Zeit und Raum für Erholung, können wir in Balance bleiben. Stressoren also grundsätzlich zu meiden wäre die falsche Taktik.[5]

---

[5](Kaluza 2012).

Tab. 3.3 Häufige Stressoren (Kaluza 2012)

Zeitstress	• Termindruck
	• Zu viele Aufgaben
	• Störungen des geplanten Tagesablaufs
	• Fehler in der Zeitplanung
	• „Freizeitstress"
Arbeitsstress	• Konkurrenzverhalten
	• Über- oder Unterforderung
	• Unzufriedenheit, z. B. materielle oder arbeitszeitliche
	• Arbeitsplatzwechsel
	• Mangelnde Anerkennung
Sozialer Stress	• Wiederkehrende Auseinandersetzungen, z. B. mit Vermieter, Nachbar
	• Beziehungskonflikte, z. B. Streit mit Partner, Zurückweisung
	• Mangel an sozialen Kontakten, Einsamkeit
	• Große familiäre Verpflichtung, z. B. Kinder, Haushalt, Pflege eines Angehörigen
	• Vereinbarkeit von Beruf und Familie
Kritische Lebensereignisse	• Krankheit
	• Umzug
	• Verlust einer wichtigen Bezugsperson, z. B. Lebenspartner
	• Finanzielle Sorgen, z. B. durch Arbeitsplatzverlust oder Schulden
	• Grundlegende Veränderung des Alltags, z. B. Pensionierung, Geburt eines Kindes
Innerer Stress	• Extremer Perfektionismus
	• Falscher Ehrgeiz
	• Übersteigerter Wunsch nach Anerkennung
	• Nicht „Nein" sagen können
	• Versagensängste
	• Unsicherheit, Existenzängste
Körperlicher Stress	• Zu wenig Schlaf
	• Krankheit
	• Fehlernährung
Informationsstress	• Ständige Erreichbarkeit, z. B. durch Handy, Email
	• Informationsüberflutung, z. B. durch Internet

Wenn Stress zu häufig auftritt und beeinträchtigende Ausmaße annimmt, ist es wichtig, die Individuellen Ursachen dafür zu hinterfragen. Welche konkreten Situationen lösen in Organismus Stressreaktionen aus? Um dies zu erkennen, ist es hilfreich, wiederum den Beobachterstandpunkt einzunehmen. Mithilfe achtsamer Introspektion in alltäglichen Situationen kann der Beobachtende erkennen, unter welchen Umständen körperliche und psychische Reaktionen auftreten.

Praxis-Übung: Achtsamkeit im Alltag
Versuchen Sie im ersten Schritt alltägliche Situationen und Handlungen aufmerksam zu beobachten. Starten Sie zum Beispiel morgens beim Zähneputzen. Welche einzelnen Handlungen müssen dafür ausgeführt werden? Wie fühlt sich die Zahnbürste in ihrer Hand an? Welche Empfindungen spüren sie im Mundbereich? Wie ist ihre Körperhaltung, usw.?

Weiten Sie diese achtsame Beobachtung auf möglichst viele Momente im Tagesablauf aus. Beobachten sie auf dieselbe Weise zum Beispiel das Autofahren. Welche Körperteile berühren den Autositz? Wie fühlt sich das Lenkrad in ihrer Hand an? Wann genau betätigen sie Gas und Bremse? Welche Eindrücke am Straßenrand können sie wahrnehmen? Ziehen sie Dinge wieder in den Fokus ihrer Aufmerksamkeit, die sonst automatisch ablaufen. Versuchen Sie bei möglichst vielen Handlungen und Situationen diese Beobachterhaltung beizubehalten.

Beziehen sie im zweiten Schritt nicht nur die Situation selbst in die achtsame Beobachtung mit ein, sondern auch die Emotionen, mit denen Sie darauf reagieren. Wie ist ihre Reaktion beispielsweise bei einer Diskussion unter Kollegen, einem Streit mit dem Partner oder beim Verrichten der täglichen Hausarbeit? Registrieren sie die auftauchenden Emotionen dabei möglichst wertungsfrei und neutral.

Die Übung der Achtsamkeit im Alltag erlaubt in vielen Fällen, Rückschlüsse auf die individuellen Ursachen von Stress zu ziehen. Durch die Beobachtung von Emotionen und Körperreaktionen in Abhängigkeit von verschiedenen Situationen können Stressursachen aus eigener Kraft identifiziert werden. In manchen Fällen ist es sogar möglich, diese direkt zu beseitigen. So können zum Beispiel Stressoren wie zu wenig Schlaf oder Freizeitstress gut behoben werden, indem die eigene Lebensweise angepasst wird: Man geht eher schlafen oder gibt die ein oder andere Freizeitaktivität auf. Doch in vielen Fällen kann man die Ursachen für Stress nicht situativ beheben, da sie sich dem eigenen Handlungsspielraum entziehen. Wie kann man zum Beispiel Stress am

Arbeitsplatz, familiären Problemen oder sogar dem Tod des Partners begegnen, wenn es keine direkte Interventionsmöglichkeit gibt? In diesen Fällen genügt es nicht, Stressoren nur als solche zu erkennen, sondern wir müssen auch den Grund verstehen, warum sie überhaupt zu Stressoren werden. Warum reagieren wir in bestimmten Situationen mit Stress, während andere Menschen dieselbe Situation problemlos meistern? Der Schlüssel hierfür liegt in der individuellen Einstellung.

3.2   Mit Meditation richtig auf Stress reagieren

3.2.1   Eigene Einstellungen überprüfen

Bereits früh wurden Einstellungen in der Psychologie als wichtige Faktoren psychischen Geschehens erkannt. Erwin Roth beschreibt bereits zu Beginn der 70er Jahre des vergangenen Jahrhunderts die wesentlichen Merkmale von individuellen Einstellungen: 1) Sie sind erworben, d. h. sie entstehen in Abhängigkeit von konkreten Erfahrungen. 2) Die gemachten Erfahrungen werden bewertet, also entstehen Einstellungen zu etwas immer in Verbindung mit Bewertungsprozessen. 3) Einstellungen gehen ihrerseits als Bedingungen für weitere Erfahrungen mit ein.[6]

Für das individuelle Erleben von Stress heißt das, dass die Einstellung, mit der wir einer Stresssituation begegnen, großen Einfluss darauf hat, wie wir sie empfinden und darauf reagieren. So kann zum Beispiel ein negatives Erlebnis während einer Arbeitsbesprechung dazu führen, dass man der nächsten Besprechung mit einer negativen Einstellung entgegensieht. Die Erwartung einer erneuten negativen Erfahrung löst bereits im Vorfeld Stress aus. Jedoch kann man auch beobachten, dass die Reaktion auf negative Erfahrungen bei verschiedenen Personen komplett differieren kann. Negative Erfahrungen müssen nicht zwangsläufig negative Einstellungen nach sich ziehen. So kann die schlecht abgelaufene Besprechung beim Einen großen Stress hervorrufen, ein Anderer, der dieselbe Situation miterlebt hat, fühlt sich dadurch jedoch angespornt und arbeitet umso motivierter auf die nächste Besprechung hin. Seine Einstellung und somit auch seine Erwartung wurden nicht negativ beeinflusst und lösen auch keine Stressreaktion aus. Individuelle Einstellungen und Erwartungen beeinflussen das Erleben von Stress also enorm.

---

[6](Roth 1970).

Meditations- und Achtsamkeitsübungen können helfen, Einstellungen bewusst wahrzunehmen und willentlich zu ändern. Indem wir unsere Einstellungen zu verschiedenen Dingen und Situationen durch das Einnehmen des Beobachterstandpunktes bewusst beobachten, können wir negative Einstellungen identifizieren und hinterfragen. Sind sie überhaupt gerechtfertigt bzw. was ist der Grund für eine negative Einstellung? Gibt es vielleicht positive, förderliche Aspekte in Zusammenhang mit der betreffenden Situation, die bisher nicht oder nur kaum beachtet wurden? Auf diese Weise wird dem Meditierenden immer mehr bewusst, was in ihm vorgeht. Er bekommt die Möglichkeit unbewusste und automatisierte Vorgänge bewusst wahrzunehmen und als beobachtende Instanz ins Geschehen einzugreifen. Stresserzeugende Einstellungen können so Stück für Stück gegen hilfreiche ersetzt werden. Natürlich ist es nicht die leichteste Aufgabe, eigene, vielleicht fest eingefahrene Einstellungen und Denkmuster aufzugeben, doch der erste und wichtigste Schritt hierzu ist getan, wenn sie der Betreffende bewusst wahrnimmt und versteht, welche Rolle sie im eigenen Stressempfinden spielen.

Gleiches gilt für Einstellungen, die nicht einer Situation gegenüber bestehen, sondern die sich auf die eigene Person beziehen. Oftmals entsteht Stress, weil der Betroffene falsche Ansprüche an sich selbst stellt. Überzogener Perfektionismus, das Gefühl „immer besser als der andere Sein zu müssen" aber auch das Gegenteil, also sich nicht wertig genug für etwas zu fühlen, sind innere Einstellungen, die Ursache für Stress sein können. Auch solche Einstellungen zu sich selbst sollten erkannt und überdacht werden. Meditation und Achtsamkeitsübungen leisten hier sehr gute Dienste, denn sie helfen dem Betroffenen, die Konzentration auf eigene, intrapsychische Vorgänge zu richten.

3.2.2 Ruheinseln im Alltag schaffen

Wie bereits angesprochen wurde, ist es für das Vermeiden von Stress, besonders chronischem Stress unbedingt nötig, das richtige Gleichgewicht von Anspannung und Ausgleich zu halten. Auf Stresssituationen müssen genügend Phasen der Ruhe und der Entspannung folgen, um das psychophysische System gesund zu erhalten. Wenn Körper und Geist keine Möglichkeit zur Regeneration haben, werden wir unweigerlich krank. Meditation ist eine der besten Möglichkeiten, im Alltag Ruheinseln zu schaffen. Meditation sollte regelmäßig ausgeübt werden, d. h. wer ihre positiven Effekte nutzen möchte, muss sie in regelmäßigen Abständen in seinen Tagesablauf einbauen.

Praxis-Tipp: Feste Meditationszeiten einrichten

Empfohlen wird, mindestens einmal am Tag eine feste Zeit für Meditation einzuplanen. Dies kann theoretisch zu jeder Tageszeit sein, empfehlenswert sind jedoch die frühen Morgenstunden, bevor der Tagesablauf beginnt oder zum Abend hin, wenn die Arbeit des Tages getan ist. Anfänger meditieren zu Beginn etwa 5–10 min während sich die Fähigkeit zur Konzentration bei geübten Meditierenden automatisch verlängert und somit mehr Zeit, zwischen 30 und 60 min eingeplant werden sollte. Die gewählte Tageszeit sollte möglichst immer beibehalten werden, so wird diese Ruhephase zu einer festen Gewohnheit. Damit der Übende nicht ständig äußeren Störfaktoren ausgesetzt ist, sollte er sich an einen ruhigen, möglichst reizarmen Ort zurückziehen und seiner Umgebung signalisieren, dass er für die nächsten Minuten nur im Notfall gestört werden möchte. Dadurch werden feste Zeiten im Alltag geschaffen, in denen der Meditierende von allen äußeren Belangen befreit ist. Es ist eine Phase des Rückzuges und der Erholung, in der sich der Übende ausschließlich mit sich selbst und der inneren Arbeit beschäftigen kann. Auf diese Weise findet der Meditierende jeden Tag mindestens eine Phase der Ruhe, der Erholung und des Abstands zum Alltagsgeschehen.

Nach demselben Prinzip können Auszeiten vom Alltag mit verschiedenen Meditationsformen geschaffen werden. Hatha Yoga, Taijichuan oder andere der im ersten Kapitel vorgestellten aktiven Meditationsformen bieten dem Übenden ebenso die Gelegenheit, für einige Zeit in eine stressfreie Zone einzutauchen, in der er seine Gedanken vom Alltagsgeschehen abzieht und die Aufmerksamkeit ausschließlich auf die jeweilige Übung und das eigene, innere Geschehen richtet. Entscheidend für die langfristig Stress lindernde Wirkung ist auch hier wieder, dass die Übungen zu einem festen Bestandteil des Alltags werden. Folgt man einem fortlaufenden Kurs oder übt regelmäßig zu Hause, wird die Gewohnheit zu einer Ruheinsel, die dem Übenden Ausgleich und Abstand von Stresssituationen bietet.

3.2.3   Im Hier und Jetzt sein

In allen Meditationsformen wird trainiert, die Aufmerksamkeit im Hier und Jetzt zu haben. Gegen abschweifende Gedankengänge wird die gesamte Achtsamkeit auf Atem- und Konzentrationsübungen gerichtet, so lange, bis der mentale Bereich zur Ruhe kommt. Dieses ruhige Verweilen im gegenwärtigen Moment verhindert, dass sich der Denkapparat ständig mit den alltäglichen Belastungen beschäftigt. Der Meditierende erfährt für die Dauer der Meditationssitzung mentale Erholung von Stressfaktoren und kann sich danach mit neuer Kraft den Herausforderungen des Lebens stellen.

Die Fähigkeit, die Aufmerksamkeit auf den gegenwärtigen Moment zu richten leistet jedoch nicht nur während der Meditationssitzung gute Dienste. Sie kann auch helfen, den Alltag erfolgreicher und stressfreier zu meistern. Durch die regelmäßigen Achtsamkeitsübungen wird der Meditierende in die Lage versetzt, seine Konzentration viel fokussierter auf die gegenwärtige Aufgabe zu richten. Störende Gedanken können ihn nicht so leicht ablenken, wie jemanden, der nicht meditiert. Van Leeuwen et al. konnten dies 2009 in einer Studie belegen.[7] Hier schnitten Probanden mit Meditationserfahrung im *Attentional-Blink-Test,* einem Aufmerksamkeitstest, deutlich besser ab als Nicht-Meditierende. Zudem zeigte sich, dass eine altersbedingte Abnahme der Aufmerksamkeit bei Meditierenden im Vergleich zu einer Kontrollgruppe Nichtmeditierender nicht zu verzeichnen war.

Durch Meditationspraxis können Aufgaben im Alltag also schneller, effizienter und konzentrierter erledigt werden. Dies kann wiederum Freiräume schaffen für andere Erledigungen oder Entspannungsphasen. Menschen, die jedoch ständig von Stress auslösenden Gedanken geplagt werden und die Aufmerksamkeit zu oft auf vergangene oder zukünftige Ereignisse gerichtet halten, sind in der Gegenwart nur bedingt handlungsfähig.

3.2.4   Veränderungen akzeptieren

Eine wichtige Erkenntnis, die ein Meditierender über kurz oder lang erfährt, ist, dass alles ständig in Bewegung ist. Durch Meditations- und Achtsamkeitsübungen beobachtet und erkennt er, dass nichts im Dasein von endgültigem Bestand ist. Die innere und äußere Welt eines Menschen verändert sich ständig. Soziale Kontakte, Kollegen, Freundschaften und sogar Partnerschaften wechseln. Neue Technologien und Erfindungen konkurrieren täglich um den modernsten Stand; wer hätte beispielsweise in der Zeit von Kassettenrekordern gedacht, dass in nicht allzu ferner Zukunft Musik kabellos über das allgegenwärtige Internet abgespielt wird. Das Lebensumfeld, in dem sich ein Mensch bewegt ist ständiger Umformung unterworfen: Neue Gebäude werden gebaut,

---

[7](van Leeuwen 2009).

Landschaften neu gestaltet, selbst die Natur verändert ihr Gesicht täglich durch den Einfluss der Jahreszeiten aber auch durch langfristige, nicht sofort sichtbare Vorgänge wie Korrosion, Plattenverschiebungen und Evolutionsprozesse. Auch der eigene Körper ist unweigerlich dem Alterungsprozess unterworfen. Der Meditierende erkennt nicht nur die ständige Veränderung im Äußeren sondern auch im eigenen Inneren: Gedanken kommen und gehen, Emotionen entstehen und flachen wieder ab, Einstellungen und Erfahrungen wechseln und sogar Persönlichkeitseigenschaften ändern sich im Laufe des Lebens.

Die Erkenntnis, dass das Wesen des menschlichen Daseins Veränderung ist, ist eine der grundlegendsten Erfahrungen, die ein Meditierender macht. Nichts kann gehalten werden, nichts bleibt stehen. Die Akzeptanz dessen verleiht dem Meditierenden die Fähigkeit des Loslassens, denn keine Aspekte des Lebens bleiben für die Ewigkeit bestehen. In dem Moment, in dem der Meditierende lernt loszulassen, kann er auch diejenigen Dinge ziehen lassen, die im Alltag Stress erzeugen. Dies sind vor allem eigene Einstellungen und stresserzeugende Erwartungen, aber auch soziale Bindungen (z. B. beim Tod eines geliebten Menschen) oder beeinträchtigende Verhaltensweisen (z. B. „Handysucht" oder der ständige Wunsch nach mehr materiellem Besitz). Keine stresserzeugende Situation bleibt ewig bestehen, auch sie wird über kurz oder lang vergehen und von anderen Gegebenheiten abgelöst werden. Auch materieller oder ideeller Besitz wird nicht auf Dauer erworben. Derjenige, der sich innerlich von nichts abhängig macht, wird im Denken und Handeln frei. Dies soll jedoch nicht heißen, dass der Meditierende sich komplett abschotten und keine Verbindungen zur Außenwelt mehr eingehen soll. Im Gegenteil: Das Leben soll gelebt werden. Doch derjenige, der mit den Veränderungen des Lebens mitfließt und sich nicht an Dinge verhaftet, die nicht von Bestand sind, der bleibt auch nicht im Fluss des Alltags stecken.

3.3   Fortgeschrittene Meditation: Ein erweitertes Weltbild entsteht

Die meisten Menschen, die über lange Zeit ausdauernd und tief meditieren, blicken mit anderen Augen oder besser gesagt mit einem anderen Bewusstsein auf die Welt. Sie konnten durch eigene Erfahrung erkennen, dass die eigene egogebundene Persönlichkeit nicht das einzige ist, das es zu entdecken gibt. Persönlichkeitsmerkmale, Einstellungen, Emotionen, unterbewusste Programme usw. sind Dinge, die teils durch Vererbung, teils durch Lernprozesse, Erfahrung und Gewohnheit entstanden sind, die jedoch beobachtet und beeinflusst werden können. Meditierende identifizieren sich mit der Instanz, die hinter dem persönlichen Ich steht und dieses beobachtet. Diese Instanz ist frei von personengebundenen Eigenschaften, sie wird als reines, klares, bewusstes Sein beschrieben.[8] Fortgeschrittene Meditierende handeln in der Welt als Persönlichkeit, sie identifizieren sich jedoch als Bewusst-Sein. Da dieses Bewusst-Sein sich zwar als Persönlichkeit ausdrücken kann, in ihrem Ursprung aber nicht an Persönlichkeit gebunden ist, ist es universell. Es ist die Urkraft aller Existenz, das Potenzial, aus dem jegliches Leben entsteht. In dem Moment, in dem sich der Meditierende mit dieser Urkraft, diesem reinen, bewussten Sein identifiziert, ist er nicht mehr eine eigenständige, isolierte Person sondern Teil des universellen Seins. Die eigenständige Persönlichkeit im Menschen verschwindet dadurch nicht, sie ist nur nicht mehr der Bereich mit dem sich der Meditierende identifiziert. Sie wird zum Ausdrucksfeld und zur Handlungsinstanz des reinen, bewussten Seins.

Der Meditierende, der sich im Kern seiner Existenz also als Teil des universellen Seins identifiziert, handelt von einem komplett anderen Blickpunkt aus, als jemand, der egoorientierte Interessen verfolgt. Wirkt man als Teil des großen Ganzen, steht nicht mehr der eigene Vorteil im Zentrum des Bemühens sondern das harmonische zusammenwirken des ganzen Systems. Menschen, die aus diesem Bewusstsein handeln, setzten sich daher sehr oft für das Wohlbefinden Anderer ein und engagieren sich in ihren Berufen oder in Organisationen für ihre Mitmenschen. Berühmte Beispiele hierfür sind Mahatma Gandhi oder Tenzin Gyatso, XIV. Dalai Lama – beide Meister der Meditation.

In dem Moment, in dem der Meditierende das persönliche, isolierte Selbst übersteigt und sich als universelles Selbst identifiziert, überblickt er die Zusammenhänge des Lebens. Jede Situation hat einen Ursprung, einen Grund, warum sie so eingetreten ist und ebenso eine Auswirkung auf zukünftige Ereignisse. Das Verständnis dieses Ursache-Wirkung-Prinzips ermöglicht dem Meditierenden, alle Ereignisse in ihrem großen Zusammenhang zu sehen. So hat ein unangenehmes oder freudiges Ereignis im Leben immer eine Vorgeschichte und ebenso Auswirkungen auf zukünftige Geschehnisse. Diese Erkenntnis nötigt ihn dazu, Verantwortung für sein eigenes Denken und Handeln zu übernehmen. Eigene destruktive Gedanken oder Verhaltensweisen resultieren unweigerlich in der entsprechenden

---

[8](Davis 2002, S. 25 ff.).

Reaktion. Gleiches gilt für positives, konstruktives Verhalten. Der Mensch ist daher immer an der folgerichtigen Stelle im Leben. Somit kann die Verantwortung für das eigene Leben, und im Sinne des universellen Selbst auch für die gesamte Schöpfung, nicht nur in äußeren Umständen und Fremdeinflüssen gesucht werden sondern resultiert in erster Linie aus dem eigenen Denken und Verhalten. Ein fortgeschrittener Meditierender handelt also möglichst immer verantwortungsvoll im Einklang mit den Gesetzen von Ursache und Wirkung zum Wohl des großen Ganzen. Dies gibt ihm das Vertrauen und die Sicherheit, ungeachtet der momentanen Umstände jederzeit am richtigen Platz im Leben zu sein.

Meditationsforschung 4

Meditationsforschung hat seit Ende der neunziger Jahre einen regelrechten Boom erlebt. Obwohl auch schon vorher über Meditation geforscht wurde, ist das wissenschaftliche Interesse daran seitdem ungebrochen groß. Die Anzahl der referierten wissenschaftlichen Publikationen zum Thema Meditation in Fachzeitschriften ist bis heute exponentiell gestiegen[1], daher kann hier nur eine sehr kleine Auswahl vorgestellt werden.

Die frühen Arbeiten der 60er, 70er und 80er Jahre beschäftigten sich hauptsächlich mit physiologischen Parametern wie Herzfrequenz, Sauerstoffverbrauch, Blutdruck, galvanischem Hautwiderstand und elektrischer Hirnaktivität.[2] So konnte beispielsweise festgestellt werden, dass nach relativ kurzer Meditationspraxis bereits die Atemfrequenz sinkt und der Sauerstoffverbrauch um bis zu 50 % gegenüber dem Ruhezustand herabgesetzt wird. Ebenso sinkt die Herzschlagrate um durchschnittlich 15 Schläge/min. Der arterielle Blutdruck während der Meditation ist eine der am häufigsten untersuchten Parameter. Hier ließ sich feststellen, dass systolischer und diastolischer Blutdruck bei Hypertonie-Patienten deutlich abnahm. Sogar die Medikation konnte in vielen Fällen herabgesetzt werden. Diese Faktoren spielen natürlich auch eine Rolle bei der Stressreaktion, sodass man davon ausgehen kann, dass Meditation positive Auswirkungen auf die physischen Aspekte von Stress hat.

Einen direkten Zusammenhang zu Stress wird dem galvanischen Hautwiderstand zugeschrieben. Die Haut setzt einem schwachen, von außen zugeführten Stromfluss einen Widerstand entgegen. Bei Stress und Angst sinkt dieser

---

[1] (Ott 2010).

[2] Eine repräsentative Auswahl der Forschungsergebnisse bis 1999 incl. der hier vorgestellten Arbeiten trägt Klaus Engel zusammen (1999).

© Springer Fachmedien Wiesbaden 2016
A. Sonntag, *Stressbewältigung durch Meditation*, essentials,
DOI 10.1007/978-3-658-14622-1_4

Widerstand, der somit ein messbares Indiz für die Stressreaktion darstellt. In zahlreichen Studien konnte belegt werden, dass während der Meditation der Hautwiderstand steigt, was als Anzeichen nachlassenden Stresses bzw. größerer Stressresistenz gewertet wird.

Auch die Hirnstromaktivität (EEG) während der Meditation wurde mehrfach untersucht. Bei einem nicht-meditierenden Erwachsenen tritt im entspannten Ruhezustand mit geschlossenen Augen im Gehirn Alpha-Aktivität auf. Wird dieser Zustand durch äußere Reize (z. B. lautes Geräusch oder Lichtreiz) gestört, werden die Alpha-Wellen kurzzeitig unterbrochen (Alpha-Blockade). Bei Meditierenden, die eine introvertierte, die Sinne übersteigende Meditationsform ausüben, konnte keine Alpha-Blockade nachgewiesen werden, d. h. dass auch bei starken äußeren Reizen wie z. B. lauten Geräuschen, starkem Licht oder der Berührung mit einem heißen Glas die Alpha-Aktivität nicht gestört wurde. Die Probanden waren also trotz wacher Bewusstheit unempfindlich gegenüber externen Stimuli. Bei Meditierenden, die die eigenen Sinne als Meditationshilfe benutzen wie beispielsweise bei der Vipassana-Meditation konnte trotz geöffneten Augen ebenfalls Alpha-Aktivität festgestellt werden. Bei Einwirkung eines äußeren Reizes trat hier aber durchaus eine Alpha-Blockade auf. Bemerkenswert ist aber, dass bei Wiederholung des äußeren Reizes nicht wie bei normalen Wachbewussten ein Gewöhnungseffekt (Habituation) einsetzt, sondern jeder Reiz dieselbe Gehirnaktivität auslöst. Extrovertierte Meditierende reagieren also auf alle äußeren Stimuli, egal ob sie mehrfach auftreten oder nicht, mit derselben klaren, neutralen Aufmerksamkeit. Automatisierungseffekte treten nicht auf. Bei Langzeitmeditierenden, die angaben, tief aber bewusst zu meditieren, konnte Theta-Aktivität festgestellt werden. Diese Gehirnaktivität findet bei Nicht-Meditierenden während des traumlosen Tiefschlafs statt, erfahrene Meditierende berichteten jedoch in einem bewussten, angenehmen, erhebenden Zustand verweilt zu haben.

Auch die Auswirkungen von Meditation auf psychische Faktoren wurden ausführlich untersucht. Die Arbeiten hierzu sind mittlerweile so zahlreich, dass in diesem Rahmen auf Meta-Analysen verwiesen werden muss. 2009 untersuchten Müller und Ziehen im Rahmen einer Diplomarbeit die Wirkungen von Meditation auf körperliche und psychische Gesundheit.[3] Hierfür wurden drei Metaanalysen herangezogen, wobei sich 35 gut kontrollierte Einzelstudien auf psychische Variablen bezogen. Meditation hatte hier einen positiven, robusten und zeitlich stabilen

---

[3](Müller und Ziehen 2012).

Effekt auf die Merkmale Angst, Depressivität, Stress und das Erleben positiver und negativer Emotionen.

Die aktuellste Meta-Analyse stammt von Sedlmeier et al.[4] Sie werteten 2012 insgesamt 595 Forschungsarbeiten aus und bezogen die 125 qualitativ Hochwertigsten in die Meta-Analyse mit ein. Dabei wurden 21 breite Kategorien psychischer Variablen gebildet, die allesamt gesunde Erwachsene betreffen. Die stärksten Effekte von Meditation zeigten sich bei den Variablen: zwischenmenschliche Aspekte, negative Persönlichkeitsvariablen, Stress, Achtsamkeit, Angst und Aufmerksamkeit (r > 0,3).

Viele Studien beziehen sich auf ein Meditations- und Achtsamkeitsprogramm, dass der Molekularbiologe und Meditationsexperte Jon Kabat-Zinn unter dem Namen Mindfulness-Based Stress Reduction (MBSR) begründete. MBSR ist eine Zusammenstellung verschiedener Meditationsformen. Hier finden sich sowohl Achtsamkeits- und Körperübungen aus dem Yoga als auch Ruhemeditation im Sitzen zu einem Programm zusammen, dass der Übende im Rahmen eines angeleiteten Kurses erlernt.[5] Da MBSR bewusst von konfessionellen Inhalten frei gehalten wird, erfreut es sich bei Meditationsanfängern und Stresspatienten großer Beliebtheit. Das MBSR-Programm dient auch als Forschungsgrundlage der aktuellen neurobiologischen Forschung zum Thema Meditation.

Mithilfe des bildgebenden Verfahrens der Magnetresonanztomografie (MRT) konnten auch im neurobiologischen Bereich positive Auswirkungen von Meditation gezeigt werden.[6] Meditierende weisen in verschiedenen Gehirnarealen eine größere Dichte an grauer Gehirnsubstanz auf als Kontrollgruppen von Nichtmeditierenden. Diese Bereiche betreffen unter anderem die Gehirnareale, die den folgenden Funktionen zugeordnet werden: Körperwahrnehmung, Emotionsregulation, Bewertungsprozesse, Bewusstseins- und Aufmerksamkeitsregulation und der Empfindung von Freude und Verbundenheit. In Bezug auf Stress konnte eine Langzeitstudie mit Meditationsanfängern Aufschluss geben.[7] Hier wurde nach einem achtwöchigen MBSR-Kurs ein Substanzabbau im rechten Mandelkern (Amygdala) festgestellt, der beim Erleben von Angst und Stress eine große Rolle spielt. In Tierversuchen vergrößerten sich die Mandelkerne bei Einwirkung von Dauerstress. In der vorliegenden Studie mit Meditierenden nahm die Dichte der grauen Substanz des

---

[4](Sedlmeier 2012).

[5](Kabat-Zinn 2011).

[6]Zusammenfassung der wichtigsten Ergebnisse bei Ott 2010.

[7](Hölzel et al. 2010).

Mandelkerns nach dem MBSR-Kurs ab, synchron mit der subjektiven Stresswahrnehmung. Hier wurde also mithilfe von moderner Messtechnik gezeigt, was in der introspektiven Selbstforschung bereits seit Jahrtausenden erfahren wird: Meditation verändert. Sie wirkt sich auf die Beschaffenheit unseres Gehirns aus, genauso wie auf Körperfunktionen, Persönlichkeits- und Stressfaktoren. Meditation hilft, Stress abzubauen und zu vermeiden und sie verändert die Art und Weise, wie wir mit Stress verursachenden Situationen umgehen. Darüber hinaus kann sie einen entscheidenden Einfluss darauf haben, mit welchem Bewusstsein wir unserer Welt entgegentreten. Meditation verändert den Blickwinkel; sie ermöglicht uns eine klare Sicht auf die uns umgebende Welt – und letzten Endes auch auf uns selbst.

Was Sie aus diesem *essential* mitnehmen können

- Es gibt Meditationsformen in körperlicher Aktion und körperlicher Ruhe. Jede Form der Meditation bleibt mental wach und bewusst.
- Der ursprüngliche Zweck der Meditation ist die Erforschung des eigenen Selbst. Meditation hat jedoch zahlreiche positive körperliche und psychische Begleiterscheinungen, die zum Beispiel für Stressbewältigung genutzt werden können.
- Durch die ständige Schulung der Fremd- und Eigenbeobachtung hilft Meditation, Stresssymptome und deren Ursachen zu erkennen und darauf zu reagieren.
- Bei Meditierenden verändert sich die Reaktion auf Stressoren: die eigene Einstellung kann erkannt und überprüft werden, es können gezielte Ruhephasen in den Alltag eingebaut werden, die Wahrnehmung des gegenwärtigen Moments wird geschult und Veränderungen im Verlauf des Lebens werden leichter akzeptiert.
- Wissenschaftliche Forschungsergebnisse belegen positive Wirkungen der Meditation auf körperliche Funktionen (Blutdruck, Herzschlag, Atemfrequenz, Hautwiderstand, Hirnstromaktivität) und psychische Variablen (Angst, Emotionsregulation, Depressivität, Stressempfinden usw.). Neurobiologische Forschung konnte bei Meditierenden eine größere Dichte an grauer Substanz in verschiedenen Gehirnarealen feststellen sowie bei Meditation über einen längeren Zeitraum eine Abnahme der Gehirnsubstanz im Angstzentrum belegen.

© Springer Fachmedien Wiesbaden 2016
A. Sonntag, *Stressbewältigung durch Meditation*, essentials,
DOI 10.1007/978-3-658-14622-1

Literatur

Berufsverband der Yogalehrenden in Deutschland e. V. (2013). *Der Weg des Yoga. Handbuch für Übende und Lehrende* (7. Aufl.). (B. d. Deutschland, Hrsg.). Petersberg: Via Nova.

Burisch, M. (2010). *Das Burnout-Syndrom. Theorie der inneren Erschöpfung.* Berlin: Springer.

Dalai Lama, XIV. (1992). *Einführung in den Buddhismus. Die Harvard Vorlesungen.* Freibung im Breisgau: Verlag Herder.

Dalai Lama, XIV. (2001). *Die Essenz der Meditation. Praktische Erklärungen zum Herzstück buddhistischer Spiritualität.* München: Ansata Verlag.

Davis, R. E. (2000). *Kriya-Yoga. Pfad des Lichts.* o. O.: Libri Books.

Davis, R. E. (2002). *A Master Guide to Meditation & Spiritual Growth.* Lakemont: CSA Press.

Deutsche Qigong Gesellschaft e.V. (2016). www.qigong-gesellschaft.de. Zugegriffen: 7. Jan. 2016.

Deutscher Aikido Bund e.V. (2016). www.aikido-bund.de. Zugegriffen: 13. Jan. 2016.

Deutscher Dachverband für Qigong und Taijiquan. (2016). www.ddqt.de. Zugegriffen: 07. Jan. 2016.

Deutscher Iaido Bund e. V. (2016). www.iaido.de. Zugegriffen: 14. Jan. 2016.

Engel, K. (1999). *Meditation. Geschichte, Systematik, Forschung, Theorie.* Frankfurt a. M.: Peter Lang, Europäischer Verlag der Wissenschaften.

Enomiya-Lassalle, H. M. (1988). *Kraft aus dem Schweigen. Einübung in die Zen-Meditation.* Freiburg u. a.: HerderTaschenbuch Verlag.

Examiner.com. (15. 10 2013). http://www.examiner.com/article/dalai-lama-the-main-purpose-of-meditation-is-the-transformation-of-the-mind. Zugegriffen: 10. Jan. 2015.

Feuerstein, G. (2010). *Die Yoga Tradition. Geschichte, Literatur, Philosophie & Praxis.* Wiggensbach: Yoga Verlags GmbH.

Hölzel, B., Carmody, J., Evans, K., Hoge, E., Dusek, J., Morgan, L., et al. (2010). Stress reduction correlates with structural changes in the amygdala. *Social Cognitive and Affective Neuroscience, 5,* 11–17.

Iyengar, B. (2010). *Licht auf Yoga. Das grundlegende Lehrbuch des Hatha-Yoga.* München: O.W.Barth.

Kabat-Zinn, J. (2009). *108 Momente der Achtsamkeit.* Freiamt im Schwarzwald: Arbor Verlag.

© Springer Fachmedien Wiesbaden 2016
A. Sonntag, *Stressbewältigung durch Meditation,* essentials,
DOI 10.1007/978-3-658-14622-1

Kabat-Zinn, J. (2010). *Im Alltag Ruhe finden. Meditationen für ein gelassenes Leben.* Knaur MensSana TB.

Kabat-Zinn, J. (2011). *Gesund durch Meditation. Das vollständige Grundlagenwerk zu MBSR.* München: O.W. Barth.

Kaluza, G. (2011). *Stressbewältigung. Trainingsmanual zur psychologischen Gesundheitsförderung.* Berlin: Springer.

Kaluza, G. (2012). *Gelassen und sicher im Stress. Das Stresskompetenzbuch - Stress erkennen, verstehen, bewältigen.* Berlin: Springer.

Kobayashi, P. (1989). *Der Weg des T'Ai Chi Ch'uan. Geistiger Hintergrund und taoistische Praktiken* (3. Aufl.). München: Heinrich Hugendubel Verlag.

Krishnamurti, J. (2000). *Das Licht in dir.* München: Econ.

Lind, W. (1996). *Ostasiatische Kampfkünste. Das Lexikon.* Berlin: Sport- und Gesundheitsverlag.

Matthis, M. (2012). Die Wirkung der Transzendentalen Meditation auf kardiovaskuläre Risikofaktoren und klinische Ereignisse. In H. Piron & R. van Quekelberghe (Hrsg.), *Meditation und Achtsamkeit. Altes Wissen schafft neue Wissenschaft* (S. 95–110). Frankfurt a. M.: Klotz Verlag.

Medizinische Gesellschaft für Qigong Yangshen e. V. (2016). www.qigong-yangshen.de. Zugegriffen: 07. Jan. 2016.

Müller, I., & Ziehen, J. (2012). Die Wirksamkeit achtsamkeitsbasierter Interventionen. Ergebnisse aus drei Meta-Analysen zur Steigerung von Achtsamkeit, psychischer und körperlicher Gesundheit. In H. Piron & R. van Quekelberghe (Hrsg.), *Meditation und Achtsamkeit. Altes Wissen schafft neue Wissenschaft* (S. 145–154). Frankfurt a. M.: Klotz Verlag.

Ott, U. (2010). *Meditation für Skeptiker. Ein Neurowissenschaftler erklärt den Weg zum Selbst.* München: O.W.Barth.

Piron, H., & van Quekelberghe, R. (Hrsg.). (2012). *Meditation und Achtsamkeit. Altes Wissen schafft neue Wissenschaft* (Bd. 4). Frankfurt a. M.: Klotz.

Reiske, H. (2016). *Kriya-Yoga-Center Deutschland.* www.kriya-yoga.de. Zugegriffen: 07. März 2016.

Roth, E. (1970). *Persönlichkeitspsychologie. Eine Einführung.* Stuttgart: Kohlhammer.

Sedlmeier, P. u. (2012). The Psychological Effects of Meditation: A Meta-Analysis. *Psychological Bulletin, 138*(6), 1139–1170.

Seidel, O. (2001–2014). *Neigong.* www.neigong.info. Zugegriffen: 07. Jan. 2016.

Sujiva, (2006). *Die Praxis der Einsichtsmeditation. Eine detaillierte Darstellung der Vipassana-Meditation.* Berlin: Michael Zeh Verlag.

Tart, C. T. (1972). *Altered states of consciousness.* New York: Doubleday.

Trungpa, C. (2012). *Über Kunst. Wahrnehmung und Wirklichkeit.* (C. Buehler, & D. Wolter, Übers.) Edition Steinrich.

van Leeuwen, Se. (2009). Age effects on attentional blink performance in meditation. *Consciousness and Cognition, 18,* 593–599.

Zimbardo, P., & Gerrig, R. (2004). *Psychologie.* München: Pearson Studium.